로마서 8장 강해

우리를 사랑하시는 이로 말미암아

로마서 8장 강해

우리를 사랑하시는 이로 말미암아

2022년 8월 25일 초판 1쇄 인쇄
2022년 8월 30일 초판 1쇄 발행

지은이 | 이상웅
펴낸이 | 박영호
펴낸곳 | 도서출판 솔로몬

주소 | 서울시 동작구 사당로 143
전화 | 599-1482
팩스 | 592-2104
직영서점 | 596-5225

등록일 | 1990년 7월 31일
등록번호 | 제 16-24호

ISBN 978-89-8255-609-8 03230

이상웅

ROMANS 8

우리를 사랑하시는 이로 말미암아

로마서 8장 강해

솔로몬

추천사

이 귀한 강해서가 나오는 과정에 필자가 섬기는 나눔교회 사경회가 있었음이 감격입니다. 책의 원고를 읽는 동안 2019년 사경회 은혜의 시간으로 돌아간 느낌이었습니다. 종일의 수업을 마치고 먼 길을 오시는 과정 때문에 매번 지친 얼굴로 강단에 올라갔지만, 말씀을 전하기 위해 입을 여는 순간 무언가에 사로잡힌 것처럼 힘을 내셨던 교수님의 모습과 시간 가는 줄 모르고 성도들과 함께 들었던 로마서 8장의 영광스러운 진리를 떠올립니다. 들었던 메시지만큼이나 전하는 메신저로 인해 감격했던 시간이었습니다.

이 책과 저자에 대해 저는 아주 식상한 표현을 사용할 수밖에 없습니다. '목자의 심장을 가진 신학자, 그가 들려주는 기독교의 핵심'이 그것입니다. 저자는 로마서 8장에 관한 거의 모든 자료와 본문을 면밀하게 연구했습니다. 그리고 그 방대한 연구 결과를 일반 성도들을 위한 세 번의 사경회 안에서 풀어냈습니다. 그는 주해는 '성경을 어떻게 해석해야 하는지'에 대한 샘플이었습니다. 또 그는 목회자였습니다. 어떤 신학자들은 성도들의 수준을 고려하지 않습니다. 저자는 하루 내 일상의 폭력을 견디며 찾아온 세상을 사는 그리스도인들의 마음 밭이 얼마나 말씀 듣기에 부적합한 상태인지 알고 있습니다. 끊임없이 회중과 소통하며 청중의 눈높이에서 소통하려 합니다. 본문의 정확한 의도도 포기하지 않고, 회중과의 소통도 포기하지 않습니다. 저자는 이 어려운 일을 해냈습니다. 그 사경회에서 저자가 전한 말씀에 온 교회가 누렸던 은혜의 경험이 그 결과이고 드러난 증거입니다.

저자는 이 책을, 하나님의 말씀을 즐거이 경청하는 일에 열심인 회중들과 그들에게 순수한 복음을 전하기 위하여 주야간에 노심초사하는 모든 신실한 설교자들에게 헌정합니다. 저는 그분들에게 이 책이 전달된다면, 그분들도 제가 누린 로마서 8장의 진리가 주는 기쁨과 자유를 경험하실 것을 확신하며 합니다.

나눔교회 조영민 목사

이상웅 교수님의 신간이 출간된다는 소식은 현장에서 사역하는 후배 및 제자 목회자들에게는 참으로 반갑고 감사한 소식입니다. 이상웅 교수님의 책들은 신뢰할 수 있는 깊은 연구의 결과일 뿐만 아니라 영혼을 사랑하는 목회자의 마음을 친근히 느낄 수 있기 때문입니다. 같은 이유로 교수님의 책을 읽고 참고할 때면 지성 뿐만 아니라 마음도 감동을 받습니다. 이런 면에서 교수님은 늘 한결 같다는 생각을 합니다. 제가 총신신대원에 입학한 2012년에 이상웅 교수님께서도 부임하셨고, 이후 3년간 저희 '4반'의 담임교수님으로 섬기셨습니다. 가까이에서 본 교수님은 학자이시며 동시에 양들의 이름을 아시는 목회자셨습니다.

특별히 이번에 출간되는 〈우리를 사랑하시는 이로 말미암아〉는 제가 사역했던 나눔교회에서, 지난 2019년 고난주간 사경회를 맞아 초청되셔서 선포해주신 설교를 거의 육성 그대로 담은 설교집입니다. 짧은 3일의 시간동안 교수님을 통해서 듣게 된 로마서 8장은 저와 모든 성도들에게 고난주간이 '우리를 사랑하시는 이로 말임암아' 값없이 주어진 것이 얼마나 놀랍고 영광스러운 것인지를 발견한 더 없이 넘치는 은혜의 시간이었습니다. 그 때의 사경회 설교 영상이 나눔교회 유튜브 계정이 삭제되는 불의한 일로 말미암아 함께 삭제되었었습니다. 그러나 이 책을 읽으며 그 때의 감동의 현장 속으로 돌아가는 것 같아 감회가 새롭습니다.

로마서 8장을 연구한 위대한 강해서들은 많습니다. 그러나 너무 방대한 양과 내용의 어려움으로 일반 성도들이나 신앙을 막 시작한 분들이 접하기에는 어려움이 있었습니다. 그래서 이상웅 교수님의 철저한 신학 연구와 목회자의 따뜻한 마음이 담겨진 이 얇은 설교집이 감사합니다. 하나님의 사랑으로 말미암아 우리에게 일어난 이 일, 우리의 신앙생활의 근간이자 언제나 다시 돌아와야 하는 로마서 8장의 메시지를 감동스럽게 들려 줍니다. 그러므로 〈우리를 사랑하시는 이로 말미암아〉를 모든 성도들과 특별히 청년 세대들에게 기쁘고 감사한 마음으로 추천합니다.

동광교회 배준영 목사

나눔교회를 섬기던 시절, 총신신대원 은사셨던 이상웅 교수님의 로마서 8장 강해를 가장 앞자리에 앉아 듣게되는 영광을 누릴 수 있었습니다. 교수님께는 조나단 에드워즈, 헤르만 바빙크, 박형룡을 중심으로, 신론, 인간론, 성령론, 종말론과 그리고 졸업논문에 이르기까지 많은 가르침을 받았었기에, 은사님께서 인도하시는 사경회에 남다른 기대감을 가지고 참석했던 기억이 납니다. 이 책은 그 때 사경회의 은혜를 그대로 되살려 주고 있습니다. 먼저는 편안한 교수님의 말투가 참 정겹습니다. 교수님의 설교나 강의를 한번이라도 들으신 분들이 계시다면 음성지원의 효과 속에서 술술 읽히시리라 생각합니다. 또한 교수님 특유의 위트가 책의 감칠맛을 더합니다. 다소 딱딱해질 수 있는 교리적인 내용에서도 긴장을 풀고 부드럽게 이해하며 받아들일 수 있도록 전개해 가십니다. 마지막으로 교수님의 지금까지의 삶의 여정이 모든 말씀들을 아울러 줍니다. 기독교 신자라면 로마서 8장은 자주 접해오셨을 것입니다. 그러나 결코 뻔한 내용을 전달하는 설교가 아닙니다. 교수님의 다양한 경험들, 어려움, 고난, 아픔의 시간들을 통한 숙성된 말씀들입니다.

저는 이번에 이 책의 원고를 미리 받아 읽는 영광을 누릴 수 있었습니다. 그리고 다시금 3년여 전의 사경회 때를 떠올리며 풍성한 은혜를 누렸습니다. 많은 분들이 이 책을 통하여 저와 같이, 삼위 하나님의 경륜 가운데 그리스도를 통하여 성취되고 성령님을 통해 확증되며 하나님 아버지를 통해 선포되는, 놀라운 복음의 은혜를 함께 누리길 소망합니다.

정담은교회 신준영 목사

이 작은 강해서를 이 땅의 주님의 몸된 교회에 속하여

하나님의 말씀을 즐거이 경청하는 일에 열심인 회중들과

그들에게 순수한 복음을 전하기 위하여 주야간에 노심초사하는 모

든 신실한 설교자들에게 드립니다.

본서는 2019년 4월 17일(수)-19일(금) 어간에 서울 마포구 나눔교회 고난주간 사경회에서 강론한 내용들을 담고 있습니다. 2년이 넘는 코로나 시국의 끝자락에서 몸도 마음도 지쳤던 최근 어느 날에 그 설교 음성 파일을 연속해서 다 들은 적이 있습니다. 4시간 40여 분에 이르는 긴 시간을 혼자 소파에 앉아서 3년전에 선포했던 설교들을 다시 다 들은 것입니다. 그리고 제 영혼에 깊은 울림만 아니라 회복의 은혜를 맛보는 진기한 시간이 되어졌습니다. 그래서 이미 2021년 말에 『로마서강해- 삼위일체 하나님의 복음』(솔로몬)을 출간한 바 있지만, 나눔교회 성도들과 나누었던 로마서 8장 강해 파일을 채록하고 수정 보완하여 소책자로 출간하기로 마음을 먹게 되었습니다. 사실 로마서 전체에 대한 강해서는 오랜 시간 동안 제가 연구하면서 원고를 쓰고, 여러 설교 기회들을 통하여 수정 보완한 설교 원고라고 할 수가 있어서, 아무래도 현장의 생동감을 담아내지는 못했습니다만, 본서에 담긴 내용들은 훨씬 더 생동감이 넘치는 형태로 되어있습니다. 어차피 한 설교자의 설교인데 그게 그거지라고 생각할 수도 있겠지만, 제가 판단하기로는 이렇게 소책자로 내어도 될 만큼 차이가 있습니다.

그러나 설교 현장에서 전해진 구어체에서 문어체로 다듬어 읽을 만한 책을 만드는 것은 또 다른 산통의 시간을 거쳐야 했습니다. 일단 설교 오디어 파일을 들으면서 채록 작업을 해 준 제자 황금길 전도사님에게 감사를 드립니다. 그리고 시간도 제법 많이 걸리고, 때로는 성가시게 느껴지는(?) 수정 보완의 작업을 제가 직접 수행해야만 했습니다. 아울러 마지막 교정 작업을 위해 원고를 읽어주셨던 안소영 목사님(밀알학교)과 제자 김겸손 전도사님께도 감사를 드립니다. 그리고 나눔교회 고난주간 사경회에 초대해 주셨던 조영민 목사님께 감사를 드립니다. 당시 집회를 위해 수고했던 제자들(배준영 목사, 신준영 목사)에게 감사를 드리며, 아울러 양지에서 마포까지 왕복 네 시간 걸리는 장거리를 운전으로 도와주었던 제자 김민기 목사님, 전유신 목사님, 그리고 배준영 목사님께 이 자리를 빌어 다시 한 번 감사의 인사를 전합니다. 현장에서 본서에 담긴 로마서 8장 강해를 들었던 세 분 목사님께 추천사를 부탁드렸고, 기꺼이 써주셨습니다. 조목사님, 신목사님, 배목사님 다시 한 번 감사합니다.

2022년 1학기를 마침으로 총신에서 교수생활 10년을 채우게 됩니다. 요약하면 짧을 수도 있지만, 내용상 구절양장 같은 시간들을 보내어 왔습니다. 처음에 적응하느라 시간이 많이 걸렸고, 학내사태와 그 이후 코로나 시국까지 겹쳐서 때로는 힘겹고 험악한 세월을 보내온 느낌입니다. 하지만 선하신 하나님께서 여기까지 인도해주신 것을 기억하며, 에벤에셀(Ebenezer)의 심비를 세워봅니다. 아울러 10년간의 재직 기간 동안 힘이 되어주었던 여러 동료 교수님들, 그리고 우리 학생들의 격려가 컸으며, 함께 한 가족들의 수고가 컸음을 기억하고 감사드립니다. 특히 7-8년 이어진 투병 생활중에 있는 아내에게 우리를 위하시는 하나님의 사랑이 더욱더 강렬하게 경험되어지기를 소망하며, 박사과정의 힘겨운 여정 속에 분투노력중인 아들 진희에게도 동일한 위로의 영이 늘 함께 하시기를 바래 봅니다. 또한 이렇게 종이 책 출판사업이 어려운 시기에 이 소책자를 출간해 주신 솔로몬 출판사의 박영호 장로님께 다시 한 번 감사를 드립니다. 이 책자는 솔로몬에서 출간하는 저의 9번째 저술입니다. 저와 가정을 위해 기도해 주신 여러 양가 가족들을 기억하며, 매월 남도에서 갓볶은 원두를 보내주심으로 저술 활동을 무언으로 격려해주셨던 하동 참사랑연합의원의 최진석 원장님께 이 자리를 빌어 감사의 인사를 드립니다. Soli Deo Gloria!

코2022년 6월 29일(수)

장마비가 내리는 양지 개혁신학연구처장실에서

이상웅 자서(自序)

차 례

1. 그리스도안에 새 사람

그러므로 이제 그리스도 예수 안에 있는 자에게는 결코 정죄함이 없나니 이는 그리스도 예수 안에 있는 생명의 성령의 법이 죄와 사망의 법에서 너를 해방하였음이라 율법이 육신으로 말미암아 연약하여 할 수 없는 그것을 하나님은 하시나니 곧 죄로 말미암아 자기 아들을 죄 있는 육신의 모양으로 보내어 육신에 죄를 정하사 육신을 따르지 않고 그 영을 따라 행하는 우리에게 율법의 요구가 이루어지게 하려 하심이니라 육신을 따르는 자는 육신의 일을, 영을 따르는 자는 영의 일을 생각하나니 육신의 생각은 사망이요 영의 생각은 생명과 평안이니라 육신의 생각은 하나님과 원수가 되나니 이는 하나님의 법에 굴복하지 아니할 뿐 아니라 할 수도 없음이라 육신에 있는 자들은 하나님을 기쁘시게 할 수 없느니라 만일 너희 속에 하나님의 영이 거하시면 너희가 육신에 있지 아니하고 영에 있나니 누구든지 그리스도의 영이 없으면 그리스도의 사람이 아니라

또 그리스도께서 너희 안에 계시면 몸은 죄로 말미암아 죽은 것이나 영은 의로 말미암아 살아 있는 것이니라 예수를 죽은 자 가운데서 살리신 이의 영이 너희 안에 거하시면 그리스도 예수를 죽은 자 가운데서 살리신 이가 너희 안에 거하시는 그의 영으로 말미암아 너희 죽을 몸도 살리시리라 그러므로 형제들아 우리가 빚진 자로되 육신에게 져서 육신대로 살 것이 아니니라 너희가 육신대로 살면 반드시 죽을 것이로되 영으로써 몸의 행실을 죽이면 살리니(롬 8:1-13).

이렇게 귀한 강단에 초대해 주셔서 담임 목사님과 당회원들께 감사드립니다. 낯설은 교회 강단에 서면 첫 시간이 참 힘든 것 같습니다. 그래서 제가 집회를 가면, 습관적으로 합당한 CCM이나, 찬송 한 곡 부르고 기도하고 끝내고요, 시작할 때도 곡을 하나 같이 부르곤 합니다. 아마 이제 직장에서 마치고 또 급히 오시거나, 집에서 오신 분들, 편안하게 그냥 여유롭게 오신 분들이 없고, 다들 분주하게 오셨을 것 같은데, 아무튼 그런 마음을 담아서 오늘 사모하는 심정으로 달린

책의 "하늘에 나는 새도 주 손길 돌보시네"를 같이 불러 보십시다. 오늘 이 저녁에 사모하는 심정으로 나온 우리 각자, 또 이 나눔교회 성도들에게도 하나님의 그 사랑을 알려주시옵소서. 또 계시해 주시옵소서. 이런 심정으로 우리 한번 같이 부르겠습니다.

하늘에 나는 새도 주 손길 돌보시네
온 땅에 충만한 주사랑으로
내 마음을 덮으소서
주 나를 부르셨네
주의 영광 위해
모든 사람 이끄소서
주의 영광으로
주 말씀 향하여 달려가리라
힘도 아닌 능도 아닌 오직 성령으로
주 얼굴 향하여 달려가리라
오 주의 영광 안에 살게 하소서

영어 가사로 보면 새가 아니고 참새sparrow입니다. 빌리 그래함 목사님(1918-2018)이 한 번은 런던을 방문했는데, 전혀 만난 적이 없는 한 분이 감사 인사를 전하면서 "목사님 설교를 듣고, 내가 죽을 뻔하다가 살아났습니다. 다시 살기로 했습니다. 내 영혼이 소생했습니다."라고 인사를 했습니다. 그래서 목사님이 어느 본문을 가지고 한 설교였느냐고 물었더니, 그 신사가 시편 102편 7절입니다고 대답을 했습니다. "내가 밤을 새우니 지붕 위의 외로운 참새 같으니이다"라는 말씀입니다. 참새는 군집 동물이라 외로이 밤을 새우지 않습니다. 그런데 "이 본문 가지고 설교를 하셨는데, 딱 나를 보고 하는 말씀이었고, 또 그를 통하여 내 영혼이 살아났습니다."고 대답했습니다. 그런데 이제 빌리 그래함 목사님의 대답이 가관입니다. "아, 그런 본문이 성경에 있었는지 잊어버렸네요." 저도 어제와 오늘 학교에서 총 12시간의 강의를 하고 먼 길을 오다 보니 지치고, 초라한 그런 느낌이 듭니다. 그래서 사실 제가 이제 첫 시작 곡으로 함께 이 노래를 부르고 싶다고 했습니다. 지붕 위에 있는 밤을 새우는 외로운 참새 한 마리도 신경을 쓰시는 그 하나님께서 이번 사경회의 주제 구절인 37절 말씀대로 "이 모든 일에 우리를 사랑하시는 이로 말미암아 우리가 넉넉히 이기"게 하시는 것입니다. 참새 한 마리도 돌보시고 우리를 사랑하시되 아낌이 없으신 그분이 이 3일간의 시간들을 통해서 설교자는 감추시더라도 사랑하시는 주의 자녀들에게 은혜를 베푸시기를 기대합니다. 이런 마음으로 사실 그 모든 초라함과 피곤함과 연약함을 제가 극복하고, 오늘 강단에 섰습니다. 어떤 마음으로 오셨든지 간에 눈에 보이는 어떤 사람보다는, 하나님의 말씀에 기대를 하고, 또 목회자가 여러분을 감동케 할 수 없어요. 성령께서 오늘 이 말씀을 통해 여러분들에게 영적으로 깨우쳐 주시고, 알게 해주시기를 바랍니다. 다르게 말하면, 우리의 머리에도 하나님 말씀이 채워지고, 또 우리의 가슴, 정서에도 채워지고, 또 우리의 삶의 방향과 자세에도 분명히 변화를 줄 수 있는 그런 동력을 얻는 사경회 기간들이 되시기를 바랍니다.

이번 기회에 여러분들과 더불어 세 번에 걸쳐서 로마서 8장 말씀을 나누려고 합니다. 로마서 8장은 총 39절이라, 읽으면 얼마 걸리지 않습니다. 그러나 바울의 서신 가운데 아마 가장 에베레스트와 같은 장이 두 곳이 있는데, 로마서 8장과 에베소서 3장일 겁니다. 바울이 영적으로나, 정서적으로 굉장히 격앙되어 있는 것이 이 두 개의 장에서 느껴집니다. 그러다 보니 마틴 로이드 존스(1899-1981) 목사님은 8장 이 한 장만 가지고 77회를 강해했습니다.[1] 런던에 있는 웨스트민스터 채플에서요. 또 최근에 이제 이 설교를 준비하면서 제가 읽어본 책이 있는데, 존 파이퍼(1946-) 목사님의 로마서 8장 강해인데, 48번의 강해가 담겨 있는 책이 번역이 되어 있어서 처음부터 끝까지 천천히 정독해 보았습니다.[2] 그래서 많은 분들이 이렇게 로마서 8장에 관심을 가지되, 굉장히 상세하게 강해하는 경향이 있습니다. 그래서 토마스 제이콤Thomas Jacomb(1622-1687)이라는 청교도 목사는 말하기를, "8장보다 더 탁월하고, 장엄하며, 복음적인 진리들을 모아놓은 장이 없다"는 말을 남겼구요. 개인적으로 지금도 변함없이 존경하는 설교자 중의 한 분이 돌아가신 옥한흠 목사님(1938-2010)이신데, 옥 목사님은 로마서 8장에 대하여서 "이 8장에 담긴 39절 말씀이 우리가 겪는 갖가지 문제들에 대하여 가히 전천후적인 대답이 된다는 것을 알고 있습니다."고 하면서 그 어떤 경우나, "믿음이 흔들릴 때나, 하나님의 사랑이 의심스러울 때나, 고독을 느낄 때나, 기도의 응답이 오지 않을 때나, 고통에 빠지거나, 소망이 흐려질 때, 어느 경우를 막론하고 이 말씀은 성령이 주시는 하나님의 응답이 된다"고 평가했습니다. 그리고 옥 목사님이 제자훈련을 많이 보급하셨잖아요. 목회하면서 저도 제자훈련을 했는데 8장을 졸업식 때 다 같이 외웠어요. 39절이지만 외워집니다. 혹시 경험이 없으시다면, 한번 시도해 보십시오. 칠십이 넘은 권사님도 더듬거리면서 외우시는 걸 보고 제가 깜짝 놀랐어요. 젊은 사람은 물론 외우지만, 어떤 권사님은 저의 말을 듣고 176절로 된 시편 119편도 다 외우신 분도 있습니다. 그에 비하면 8장은 짧으니 여러분들도 시도해 보시기를 바랍니다.

이제 8장을 강해하는데, 제가 첫 본문을 11절이 아니라 고민 끝에 13절로 끊었습니다. 원래 저도 개인적으로 로마서를 참 중요하다고 생각해서 지난 20년 이상 사역하는 동안 아마 7-8번 정도를 로마서 전체를 공부하거나 강해할 기회를 가졌었습니다. 그리고 8장의 경우에도 참 많은 기회에 따라 초대를 받아서 설교하기도 하고 이렇게 하는데, 기본 한 6번 내지 9번 정도로 나누어가지고 전해야 적절하게 나눔이 되어집니다. 그런데 이제 이걸 세 개의 토막으로 나누어서 아쉬운 대로 일단은 1-13절을 첫 번째 부분으로 이렇게 정했습니다.

정죄함이 없는 인생(1-4절)

오늘 본문의 첫 대목은 1-4절입니다. 제목은 "정죄함이 없는 인생"이라 정할 수가 있습니다. "그러므로 이제 그리스도 예수 안에 있는 자에게는 결코 정죄함이 없나니"(롬 8:1). 이렇게 시작을 하잖아요? 그리고 이제 이 정죄함이 없다라고 하는 것이 영어로 하면, 노 칸뎀네이션no condenmation이라고 할 수가 있어요. 저는 IVP에서 나온 존 스토트 박사(1921-2011)의 『로마서 강해』 원서를 오래 전 청년 사역할 때, 많이 읽고, 나눈 적이 있습니다.[3] 스토트 박사의 강점 중의 하나가 성경에 대해 신실한 연구입니다. 그의 강조점을 소개해 드립니다. 로마서 8장은 1절에 있는 '정죄함이 없다'no condemnation라고 하는 이 두 단어와, 그 다음에 결론은 39절에 있는 대로 '하나님의 사랑에서 우리를 끊을 자가 없다' 이게 이제 영어로 하면, 노 새퍼레이션no separation입니다. no condemnation, 정죄함이 없음, 그리고 결론은 결코 끊어질 수 없음, 분리될 수 없음. 이것이 결국 우리를 사랑하시는 하나님께서 우리들에게 주시는 로마서 8장에 담겨 있는 수많은 축복들의 시작과 끝을 장식하고 있습니다.

여러분, 이 정죄(定罪)라고 하는 것이 무엇일까요? 한자죠. '정할 정'(定)자에 '허물 죄'(罪)자라고 하는 건데요. 그러니까 죄를 정한다는 뜻입니다. 혹은 제가 설명을 바로 드리면요, 두 가지 의미가 다 담겨 있는 말씀입니다. 즉 하나님께서 죄인을 죄인이라고 판결하시는 것, 그것이 정죄입니다. 두 번째는 판결하신 것에 대하여 이제 심판하고, 실제적인 형벌을 부여하시는 것입니다. 이 두 가지가 정죄라고 하는 바울이 쓴

이 용어 카타크리마(κατάκριμα)라는 헬라어 단어 속에 들어 있는 의미입니다. 로마서 5장 16-18절에 보면, 아담의 후손들은 누구나 다 아담의 죄 때문에 원죄를 가지고 태어납니다. 사실 원죄론은 굉장히 어려운 교리입니다. 어떻게 한 사람의 죄가 우리 모든 인류에게 전가가 이루어져서 누구나 예외 없이 다 죄인이 되느냐? 아담 안에서 우리 모두가 다 정죄를 받아 죄인이고, 또 태어날 때부터 영적으로는 죽은 자들이 되어 버렸기 때문에 하나님과의 관계가 단절된 채 우리들은 누구나 다 태어났어요. 저도 모태 출석 교인이지만, 그러나 어머니 태중에서부터 사실 믿은 게 아니기 때문에 저는 모태 출석 교인이라는 표현을 즐겨 씁니다. 모태 신앙은 세례 요한처럼 예수님을 영접하면서 발로 막 차고 하는 그 증거가 있어야 모태 신앙이지, 나 같은 사람이 뭐 모태 출석은 했지만 어머니 태중에 있을때, 제가 믿었던 기억은 전혀 없어요. 그러니까 이렇게 이제 모태 출석 교인으로 태어난다고 하더라도 저도 아담의 자손입니다. 그래서 아우구스티누스(354-430)가 말하는 대로 부모가 중생한 자여도 아이를 낳으면, 물론 천사 같아 보여도 영적으로는 원래의 아담의 후손으로서 다 태어납니다. 그래서 사실 우리가 유아 세례도 때가 되면, 받도록 해줘야 하고요. 그리고 장차 자라면서 주일학교 교육도 하고,

결국 때가 되면 우리가 이제 거쳐온 대로 어느 시점엔가 내가 죄인인 것과 예수 그리스도가 나의 구주이시다는 것을 받아들이고, 믿게 될 때에 구원을 실제적으로 받습니다. 다만 어릴 때는 언약의 백성이라는 걸 인치기 위하여 유아 세례를 주는 것이 굉장히 필요해요. 저는 그렇게 귀한 줄 몰랐는데, 제가 사역할 때, 부목사님 중에 한 분이 보니까 아이가 태어나 돌이 되었을 때, 돌잔치를 하지 않고, 헌금을 하더라고요. 그래서 왜 그러냐고 물었더니, "돌잔치보다는 이게 더 중요합니다" 하면서 헌금을 하는 거예요. 그러니까 이 친구는 중간에 믿었기 때문에 자기 아이에게 유아 세례를 줄 수 있다는 것이 얼마나 귀한지, 그렇게 하나님의 언약의 가족으로 구별하여 인친다는 것이 얼마나 영광스러운가에 대한 감격을 가졌던 것입니다. 그래서 저는 속으로 '참 귀한 일이다'는 생각을 했습니다.

하여튼 아담의 후손들은 예외없이 다 정죄 아래 태어나게 됩니다. 하나님과의 관계가 끊어져 있다는 것, 이것이 영적인 죽음이고, 인간으로 살지만 결국 그대로 있으면, 영원한 사망인 하나님과의 영원한 관계 단절로 갈 수밖에 없어요. 그렇지만 오늘 바울은 이야기합니다. 아담 안에 있지 않고 그리스도 안에 있으면 하나님의 정죄에서 벗어나게 된다고 말입니다.

헤르만 바빙크(1854-1921)나 블레이즈 빠스칼(1623-1662)도 잘 이야기한대로, 우리 인류의 서고 넘어짐을 결정할 수 있는 절대적인 대표자의 역할을 하는 사람은 딱 두 사람밖에 없습니다. 로마서 5장 12절 이하에 있는 대조 대로, 그 둘은 바로 아담과 그리스도입니다. 그래서 아담 안에서 우리 모두가 다 죄인이 되고, 정죄받고, 사망에 이를 수밖에 없었는데, 그리스도 안에 들어온 자들은 우리가 어느 순간에 중생하게 되고, 믿게 되고, 그리스도 안에 있다 라고 하는 것이 무엇인가에 대하여 감격하게 되고, 또 우리의 분복이 무엇인가 이렇게 성찰하는 시간들도 가지게 되고, 감격도 하는 거고, 누리게 되는 것입니다. 좌우지간 그리스도 안에 들어오게 되고 그리스도와 연합하게 될 때에 저나, 여러분들의 신분이 변화됩니다. 그걸 이제 내일 대목에서는 자녀요, 상속자이다는 것에 초점을 맞추어 보게 되겠지만 오늘은 결코 정죄함이 없는 존재가 되었다라고 하는 걸로 정리를 할 수 있습니다. 로마서 1장 18절 이하에 말씀하는 대로 믿지 않는 자, 그리스도 밖에 있는 자와는 다르게 아담 안에 있는 자는 현재 어떤 상황이냐, 하나님의 진노가 나타나고 있습니다. 하나님의 죄에 대한 의로우신 진노 아래 불신자의 처해 있기 때문에 우리가 복음을 서둘러 전하려고 하는 것이고, 전해야 하는 것입니다. 그러나 신자의 경우에는 더 이상 정죄함이 없습니다. 하나님과의 관계에서 진노하시는 그런 관계가 아닙니다.

그래서 그 누구도 심지어 저나, 여러분 자신도 자신을 향하여 정죄할 필요 없어요. 옆의 사람들이 우리에게 무엇이라고 하든지, 혹은 사탄이 우리들에게 뭐라고 하든지 간에 신자는 하나님께서 정죄할 자가 없다고 우리에게 말씀하시는 것을 기억해야 합니다. 하나님도 우리를 고발하거나, 정죄하거나, 또 혹은 우리를 향하여서 "너 지옥 갈 거야. 그런 식으로 하지 마" 이렇게 우리를 위협하지 않으시기에 어느 누구의 말이 우리에게 먹히도록 하실 필요가 없습니다. 그래서 33-34절에 보면요, "의롭다 하신 이가 하나님이시니 누가 정죄할 것이냐?"고 바울은 외칩니다. 그래서 우리는 죄를 지으려고 해서 짓는 게 아니라 때로 멋모르고 짓기도 하고요, 넘어지기도 하는데, 그렇다고 하더라도 최소한 정죄가 없기 때문에 "내가 지옥에 갈까? 하나님에게서 끊어질까?"라고 하는 두려운 마음을 가질 필요가 없어요. 사실 현실적으로 그런 정죄감을 가질 수는 있는데, 그것은 우리가 어리석은 거예요. 저도 예외가 아니지만 그럴 때가 있습니다. 제가 몸담고 가르치고 있는 총신은 2017년, 2018년 두 해 동안 엄청난 사망의 음침한 골짜기를 지나와서 어려움들이 굉장히 많았어요. 그러다 보면, 정의에 대한 어떤 의분만 있는 게 아니고, 정말 인간 존재가 해어질 대로 해어진 천조각 같이 그런 느낌, 서로가 서로를 향하여 또 싫은 소리 많이 해대고 스승과 제자의 관계들도 깨어지고, 이러다 보면, 정말 이게 하나님 앞에 자존감이나, 또 하나님 앞에 당당히 나아가거나 이렇게 분위기 좋게 나아갈 수 없을 때가 많아요. 그럼에도 불구하고 신분상, 원리상 우리는 1절에 있는 이 말씀 위에 견고하게 서야 합니다. 하나님은 그리스도 안에 있는 우리를 더 이상 정죄하지 않으십니다. 우리가 하나님의 자녀로서 우리의 잘못에 대하여 회개하고, 또다시 하나님의 도우심으로 일어서는 일은 필요합니다. 누구보다 죄에 대하여 심각하게 받아들이고, 빨리빨리 회개하고 돌이키는 것이 성숙해가는 자녀의 모습일 것입니다.

그리고 이제 2절로 넘어가면요, 이것을 또 이렇게 표현하는 것을 봅니다. "이는 그리스도 예수 안에 있는 생명의 성령의 법이 죄와 사망의 법에서 너를 해방하였[다]." '이는' 이라고 했으니까 앞의 구절과 연관이 되어 있는 거겠죠. 여기서도 역시 "예수 그리스도 안에"라고 하는 게 강조되었어요. 자, 우리가 이제 날씨가 더울 때도요 어떤 공간에 있느냐에 따라서 땡볕이 밖에 비춰도 어떤 공간 안에 있느냐에 따라서 편안하기도 해요. 또 바깥은 굉장히 추운데, 집안에 있으면 따듯

하게 지낼 수가 있고, 우리가 잠수함 안에 있으면 심해에 들어가도 바깥을 관찰하는 데 압력의 위협도 없고, 빠져 죽을 일도 없는 것처럼 결국 우리의 인생은요, 어디 안에 있느냐가 대단히 중요합니다. 우리 신자들은 그리스도 안에 있기 때문에 정죄함이 없고, 두 번째는 그리스도 안에 있으면 더 이상 죄와 사망의 법이 우리를 지배할 수 없다는 거예요. 여기서 법이라는 용어를 썼기 때문에 율법으로 생각하기가 쉬운데, 여기서 말하는 법은 힘이나, 원리나, 어떤 권세 정도로 번역을 하는 게 이해가 빠르실 거예요. 그러면 뭐냐? 죄의 세력이라고 하는 것에 대해서는 7장을 읽어보시면 나오잖아요. 정말 죄는 우리가 선택적으로 피할 수도 있고, 벗어날 수 있는 그런 정도의 선택사항이 아닙니다. 아담의 자손들은 누구나 다 죄라는 폭군의 지배 아래 있는 존재입니다. 좀 낫고 못할 뿐이지 하나님이 보실 때는 그 안에 생명이 없고, 그 안에 영적인 선이 없어요. 그러나 결과적으로는 사망에 이르게 할 수밖에 없는 그 죄의 지배 아래 있던 자들이 그리스도 안에 있으면, 생명을 주시는 성령의 권세 혹은 힘이 우리를 해방시켜 주십니다. 존 파이퍼 목사 같은 분은요, 이 구절을 가지고 앞의 구절은 칭의라고 이해를 하고, 이 두 번째 구절을 성화를 가리킨다라고 하는데, 맞는 해석입니다. 우리가 신분적으로 더 이상 하나님의 진노 아래 있지 아니하고, 또 심판자와 죄인의 관계로 서지 아니하고, 하나님 아버지와 자녀의 관계 속에 있으니까 우리가 하나님의 야단을 맞거나, 징계를 받을 수는 있지만, 우리에게는 더 이상 정죄함이 없다는 것이 가질 수 있는 칭의의 확신이라면, 오늘 2절에 있는 말씀은요. 실제적으로 우리들로 하여금 죄와 사망의 그 지배 원리에서, 생명을 주시는 성령께서 우리를 해방시키시고, 자유케 하시는 것이니까 거룩에 참여하게 하는 것으로 이해할 수가 있습니다. 더러 교회를 중간에 다니시는 분들 가운데는 그런 경험들이 있을 것입니다. 가시적으로 예를 들어야 이해가 수월하니까요. 예컨대 술마시거나 담배 피우면 지옥 간다 이런 이야기 제가 하는 건 전혀 아니에요. 그건 건강상 일단 안 좋으니까 초대 선교사들부터 사실 금했어요. 초기의 우리 선조들이 너무너무 술, 담배, 도박 이런 데 너무 빠지니까 금한 것입니다. 그러나 어쨌든 좋지 않다라고 하는 담배든 술이든 간에 인간적인 힘으로 끊을 수 없는데, 어느 날 술병을 보는데, 구역질이 나면 계속해서 마실까요 안 마실까요? 못 먹게 되죠. 그렇게 좋았던 것이 혐오스러운 것으로 보이고, 담배 연기가 남자들이 군대에서 가스실 체험하는 것처럼 막 이렇게 싫게 느껴지면, 딱 끊어버리게 되는 것입니다. 제가 개인적으로 당뇨가 목회 중에 왔어요. 당뇨가 심한 것을 알았으니, 목양실에서 설탕이나 시럽을 다 없애 버렸습니다. 그전까지는 믹스 커피를 그렇게 많이 먹었는데, 당뇨가 걸리고 나서는 그냥 원두커피를 마시기 시작했습니다. 습관이 되고 나니 커피 맛도 느껴지기 시작했구요. 설탕과 프림 넣은 커피를 보면 독약이라고 쓰인 것 같은 느낌이 들 정도가 되었습니다. 물론 가끔 당이 떨어지면 단 것을 먹기도 합니다만, 아무튼 그렇게 되더라구요. 그러니까 이 죄와 사망의 권세 혹은 법은요, 인간의 힘으로 끊을 수가 없습니다. 생명의 성령의 법, 생명을 주시는 성령의 역사로 말미암아 죄와 사망의 법에서 우리를 해방하실 때에 우리는 죄에서 자유로운 존재가 되는 것입니다.

1-2절 말씀에 이어서 3절을 보십시다. 앞서 변화된 그리스도인의 신분에 대한 이야기를 했는데, 이런 이야기를 들으면서 "참 좋긴 한데, 나는 대가를 지불한 것이 없다."는 생각이 드실 수가 있습니다. 사실 미국 사람들 격언대로 "더 프리덤 이즈 낫 프리"the freedom is not free 즉, "자유는 공짜가 아닙니다" 사실 자유도 공짜가 아니고, 땀과 피를 흘린 결과로 얻는 게 시민적인 자유인데 어떻게 우리가 하나님 앞에서 정죄함이 없어지고, 죄와 사망의 법에서 해방이 되는 일들이 그냥 일어날 수 있느냐? 내가 한 것이 없고, 내가 할 수도 없는데,

어떻게 이게 일어나느냐? 라고 하는 질문에 사도 바울은 3절 말씀에 이렇게 말해 줍니다. "율법이 육신으로 말미암아 연약하여 할 수 없는 그것을 하나님은 하시나니 곧 죄로 말미암아 자기 아들을 죄 있는 육신의 모양으로 보내어 육신에 죄를 정하사." 여러분, 여기에 "율법이 육신으로 말미암아 연약하여 할 수 없는 그것"이라고 하는데, 일단 여기 육신flesh이라고 하는 것은 몸하고 구별된 단어입니다. 육신은 몸과 영혼 전인이되, 타락한 인간의 본성을 따라 살아가는 그냥 자연인을 가리킵니다. 그러니까 성령의 지배를 받지 않는 불신자의 조건이 육신입니다. 또 혹은 교회를 다니긴 하지만 아직 그리스도 안에 있지 않는 자 즉, 그리스도 말미암아 중생하지 않은 자는 육신을 따라 산다 생각하시면 돼요.

그러니까 자연인 혹은 불신자에게는 이 좋은 율법이 주어져서 이렇게 이렇게 하면 살 것이다고 하는데, 문제는 가르쳐 준대로 살 힘이 없습니다. 여러분, 아무리 좋은 곳에 있고, 아무리 좋은 선생이 있어도, 본인이 능력이 없으면 그게 도움이 안 돼요. 율법이 주어졌지만 타락한 인간은 그 율법을 율법의 제 기능으로 사용할 능력이 없어요. 그러니까 스스로 하나님 앞에 정죄를 피할 수 있는 길도 만들 수가 없어요. 그러니까 인간이 어쨌든 무능해서 할 수 없었다라는 걸 지금 전제한 겁니다. 그러나 그걸 누가 하느냐 하면요, 하나님이 하세요. 바울 복음의 위대한 선언이 로마서라고 하는데, 1장 3-4절에 보면 그리스도 예수가 복음의 핵심적인 내용이잖아요. 그래서 그리스도의 복음이라는 말도 쓰고, 바울은 내 복음이라고도 하고 그러는데, 사실은 우리가 놓치면 안 되는 건요, 하나님의 복음이기도 하다는 것입니다. 또 혹은 삼위일체론적인 복음이다 이렇게 로마서를 이해하셔야 바울이 전달하려는 메시지를 정확하게 우리가 이해한 것입니다. 왜냐하면 예수 그리스도라는 단어가 16개 장 가운데 나오고, 성령이라는 단어도 나옵니다. 하지만 성부 하나님에 대하여 표현한 구절은요, 무려 160곳이 넘습니다. 제가 어느 날 새벽기도 인도하고 내려와서 목양실에 앉아가지고요, 로마서는 삼위일체론적인 복음이고, 성부 주도적인 복음이다는 생각을 가지고 로마서를 펼쳐서 열여섯 장을 모두 읽으면서 동그라미를 다 쳐본 적이 있습니다. 하나님, 하나님, 하나님. 결국 하나님께서 하셨어요. 하나님이 주도적으로 하셨어요. 성부께서 주도적으로 하셨어요. 뭘 하는가 하면요, 여기 3절에 보시면 하나님이 하신 일에 대해 두 가지 동사를 썼잖아요? 한번 찾아보세요. 첫째는 무엇인가요? 하나님이 무엇을 하셨나요? '보내다' 보내다 있죠? 두 번째는 '정하다' 정하다 이러니까 무얼 정하냐?

육신에 죄를 정하사 이러니까 좀 이제 정확하게 안 들어올 텐데요, 1절에 있는 말씀과 똑같은 말씀이에요. '정죄하다'예요. 첫 번째, 하나님 아버지께서 무엇을 하셨는가 하면요, 자기의 독생자를 보내 주셨어요.

혹시 여러분 가운데는 혹시라도 아직 이렇게 오해하는 분들이 있습니까? 하나님 아버지께서는 진노하시고, 하나님께서는 인간을 '다 그냥 지옥 보내야 되겠다' 이렇게 정의만 드러내시는데, 아들이신 그리스도가 나서가지고 '하나님 아버지, 그러지 마시고, 내가 저들을 대신하여 죽을 테니까 하나님, 노여움을 푸시고, 구원의 길을 좀 열어 주십시오'라고 만류하신 듯이 말입니다. 마치 진노하는 준엄한 아버지를 막아선 자비로운 어머니와 같이, 그래서 결국 아버지의 마음을 누그러뜨리고, 어머니가 결국 아들이나, 자녀를 위하여 그렇게 살 길을 마련하는 그런 그림처럼 성부와 성자의 관계를 생각하면 아주 비성경적입니다. 제가 신학자이기 때문에 어떤 부분은 좀 강하게 표현하는데 상처는 받지 마십시오. 그런 생각은 반드시 시정해야 하는 생각이에요. 왜냐하면 성경에 보면 인간의 구원과 우리를 향하여 사랑을 베푸실 때에 주도권을 성부가 가지고 있어요. "하나님이 자기의 아들을 세상에 보내셨으니." 요한복음 3장 16절 아닙니까? 요한일서 4장 9-10절에도 동일한 말씀이 나오지 않습니까? 그런데 오늘 본문에서는 자기 아들을 죄 있는 육신의 모양으로 보내주셨대요. 정말 이 구절은 우리가 알고 보면 대단히 절묘한 표현입니다. 그냥 "육신의 모양으로" 이렇게 이야기하면, "아. 이게 진짜 몸은 아니고, 몸처럼 보이는 가현설인가?"라는 이단적인 오해가 발생합니다. 그다음에 이제 '죄 있는 육신' 이렇게 하면, 무죄하지 않은 자는 죄인을 위하여 대속 제물이 될 수가 없어요. 분명히 그분은 죄가 없다라고 하는 것을 우리는 잘 알고 있습니다. 예수님의 무죄성은 성경에 있는 전통적인 교리잖아요. 그런데도 불구하고 왜 바울은 '죄 있는 육신의 모양'이라고 하는 이 심오하고 이해하기 어려운 표현을 썼을까요? 일단은 죄는 없으시지만 그가 이 땅 위에 오실 때에 입으신 몸의 조건이 타락하기 전의 아담의 영광스러운 몸과 같은 것이 아니시라는 것입니다. 사실 우리가 복음서에서 만나는 예수님의 모습은 창세기 2장에서 보는 타락하기 전 아담과 하와의 조건이 아니었습니다. 죄로 인하여 우리의 몸도 연약해졌어요. 병들고, 영광이 떠나고, 초라하고, 옷 입지 않고 돌아다닐 수 없는 이런 조건들에 처하게 되었습니다. 이게 결국 타락의 결과입니다. 그러나 연약해진 몸 자체가 죄란 말은 아니거든요. 그러니까 예수님은 선택을 하셨어요. 영광스러운 몸, 견딜만

한 몸, 능한 몸, 강한 몸 그냥 튼튼한 몸이 아니고, 우리와 똑같이 연약한 육신을 입으셨어요. 그렇기 때문에 이제 배고파하셨고, 또 피곤해서 수가성 우물가에 지쳐 주저앉기도 하셨죠. 혹은 그 파도치는 데도 그냥 코 골고 자고 있거나 이런 모습들을 우리가 보지 않습니까? 그렇게 인간의 모양, 우리의 조건 그대로 오셨기 때문에 히브리서 저자는 2장 18절이나 4장 15-17절 등에서 우리에게 있는 대제사장은 우리의 연약함을 체휼하지 못하실 이가 아니라고 합니다. 예전에는 체휼이라고 했고, 지금은 동정하지 못하실 이가 아니다라고 번역했습니다. 동정이라는 말은 '함께 느낀다'는 말이고, 영어 단어 컴패션compassion도 동일한 의미입니다. 그리스도는 우리와 똑같은 조건에서 시험을 다 받아 보셨기 때문에 그리스도를 향하여 "주님, 이런 일을 겪어 보셨습니까? 이런 일을 이해하십니까?"라는 질문을 가지고 한번 나아가 보십시오. 어떤 것도 그리스도는 "내가 모른다"라고 말씀하시지 않을 겁니다. 수많은 예들을 들 수 있지만 그 이야기할 틈이 없어요. 어쨌든 우리와 똑같은 이 연약한 조건의 몸을 입은 채로 자기 아들이 세상에 나게 하셨어요. 그것이 첫 번째 아버지가 우리를 정죄함에서 자유케 하고, 죄와 사망의 법에서 해방시키기 위하여 하신 첫 번째 일입니다. 물론 우리가 또 놓치면 안 되는 것은 그리스도가 자발적 순종을 통하여 이 땅위에 기꺼이 와 주셨다는 사실입니다.

그리고 두 번째 하나님께서 하신 일은 무엇인가하면, 3절 끝에 보면, '육신에 죄를 정하셨다' 혹은 '육신 안에서 죄를 정죄하셨다'는 것입니다. 누가 그렇게 하신건가요? 네. 하나님이요. 그러면 누구의 육신입니까? 바로 자기의 독생자의 그 몸 안에서, 그 몸에 대하여 하나님은 정죄하셨습니다. 우리에게 있는 정죄가 없어질 수 있는 유일하고 합당한 길은 이 길밖에 없습니다. 그래서 고린도후서 5장 21절 한번 볼까요? "하나님이 죄를 알지도 못하신 이를 우리를 대신하여 죄로 삼으신 것은 우리로 하여금 그 안에서 하나님의 의가 되게 하려 하심이라." 여러분, 여기에 보면, "죄를 알지 못하신 이"라고 표현하는데, 그러니까 경험적으로 죄가 무엇인지를 모르고, 죄를 지어본 적이 없고, 죄인이 되어본 적이 없는 하나님의 독생자이신데 우리를 대신하여 하나님은 죄를 삼아버렸어요. 죄인을 삼았다도 아니에요. 죄를 삼아버렸어요. 십자가 사건의 핵심이 이것입니다. 죄를 삼아버리셨어요. 그리고 왜 그렇게 하느냐 하면, 우리로 하여금 그 안에서 하나님의 의가 되게 하려 함이라고 말씀합니다. 저는 자유주의자들도 예수의 인성을 좋아하고, 십자가의 희생을 말하고, 하나님이 얼마나 우리 인간들을 사랑하시는 증거라고 이야기하는 것을 압니다. 그래서 제가 우리 학생들에게도 이야기합니다. 십자가 이야기한다고 속으면 안 되고, 하나님 사랑 이야기한다고 속으면 안 된다. 중요한 건 사랑을 왜 그렇게 해야 하는가, 십자가의 핵심을 빼먹는다고 한다면, 그것은 자유주의자도 말하고, 마귀도 말할 수 있는 이야기다라고 말합니다. 고린도후서 5장 21에 있는 말씀이나, 오늘 8장 3절에 있는 이 말씀이에요. 왜 십자가라고 하는 잔인한 방식으로 자기의 아들이 처형되도록 그렇게 아버지는 보내시고, 또한 아들은 순종을 한 것입니까? 결국 그 십자가의 의미가 우리를 대신하여, 하나님의 진노의 자리에 우리 대신 서서 그 진노의 잔을 마셔 주셨다는 것입니다. 십자가 상에서 예수 그리스도를 향하여 하나님의 진노가 부어진 것입니다. 그렇게까지 고난을 감내하시면서 아들이 순종하여 얻으신 의가 우리들에게 믿는 순간 값없이 전가되고, 선물로 주어지는 것입니다. 그래서 우리는 마르틴 루터(1483-1546)나, 루터보다 앞서 교부 유스티누스(약100-약165)가 말한대로 "복된 교환이여. 달콤한 교환이여!"라는 말을 하는 것입니다. 무슨 말이냐 하면, 우리의 죄에 대해서는 우리가 정죄받고, 지옥 가면 끝나는데, 우리를 구원하기 위해, 우리를 진노에서 건지기 위하여 우리 죄를 자기의 아들에게 전가시키기 위해 보내어 주시고, 그 아들의 의로우신 순종에서 결과한 의를 우리 믿는 자들에게 값없이 옷 입혀 주셨다. 이것이 바로 이중의 전가이고, 복된 교환입니다. 우리는 우리의 죄를 그리스도께 다 내놓은 것이고, 그리스도의 의를 우리에게 옷 입혀 주심으로 하나님의 의가 되게 하셨다라고 하는 겁니다. 1절과 2절에 있는 복들이 바로 그런 근거 위에서 우리들에게 주어지는 것입니다. 우리가 무엇을 조금 더 잘하거나, 교회생활 열심히 하고 내가 헌금을 어떻게 하거나, 또 출석을 어떻게 하는 이런 문제는 신앙상의 우리가 훈련을 위해서 강조되기도 해야 해요. 저는 사역할 때에는 담임목사니까 영혼을 책임져야 한다는 생각 때문에 때로는 대나무를 쪼개듯이 설교하기도 했구요. 정말 "우리를 미워하는가 보다" 이런 생각이 들만큼 제가 강하게 이야기하기도 했습니다. 그러나 그건 훈련상 필요한 거예요. 사실은 우리의 어떠함 때문에 온 칭의가 아니기 때문에, 오직 하나님이 그의 아들 안에서 죄를 정죄하시고, 대신에 우리들을 의롭게 하시는 이 십자가의 구속, 그 대속의 길을 성취하셨기 때문에 우리에게 바깥에서부터 값없이 온 의입니다. 그러니 우리가 살면서 어떻게 하든 간에 그것에 의하여 이 의가 조금도 영향을 받지 않는다라고 하는 기본적인 사실을 알아야 합니다. 그런데 적지 않은 분들은 불안한 거예요. "이렇게 하다가 끊어지면, 어떻게 할 거냐? 하나님이 나를 미워할 거야. 싫어할 거야. 내가 이따위로 살면 나는 자녀도 아니야" 그런 생각도 극단적으로 하기도 합니다. 그러나 그것이 아닙니다. 우리의 어떠함과 아무 관계없이 하나님의 의 혹은 그리스도의 의는 값없이 우리에게 온 것입니다. 하나님께서 친히 대가를 지불하셨습니다. 자기의 독생자를 십자가에 보내심을 통하여 대가를 지불하셨습니다.

여러분, 이제 4절에 보시면, 그래서 이제 어떤 결과가 오냐, 방종한 삶으로 가게 하는 거냐? "어떻게 살든 말든 남은 생애 나는 뭐 신경 안 써. 그냥 되는 대로 살 거야"라고 하도록 만들지 않습니다. 4절에 있는 것처럼 이제 우리들은 어떤 사람이 되느냐 하면, 육신을 따라가지 않고, 그 영을 따라 행하는 사람이 되었습니다. 타락한 인간의 본성을 따라 살아가는 게 아니라 우리는 우리 가운데 오신 성령을 따라 행하는 자가 되었어요. 그래서 결국 어떤 일이 일어나느냐 하면, 특히 3절에서 육신으로 말미암아 연약하여 할 수 없던 그것을 성령을 따라 우리가 살아가면, 그 율법의 요구가 이루어지게 하세요. 율법은 결코 나쁜 것이 아닙니다. 바울이 7장 13절 이하에서 말하는 대로 신령하고, 의롭습니다. 율법은 하나님의 거룩하신 의지 혹은 뜻의 표현이기 때문에 전혀 나쁜 것이 아닙니다. 다만 타락한 인간은 자기 힘으로 그걸 지킬 수 없다라고 하는 게 문제였던 건데, 이제는 성령을 따라 행할 때, 저와 여러분들이 하나님의 그 뜻에, 순종할 수 있는 자들이 되는 것입니다. 중간에는 과정이 있고, 엎어지고 넘어짐이 있고, 실족도 있을 것이고요. 때로는 우리가 생각해도 부족한 것들 투성이입니다. 그러나 결과적으로는 우리가 하나님의 율법의 정당한 요구인 하나님의 거룩하신 뜻을 이루어가는 삶을 살 수밖에 없도록 우리가 이 자리에 초대받고 있다라고 하는 사실입니다.

두 종류의 사람(5–11절)

두 번째 대목은 5-11절의 말씀입니다. 5-11절은 4절에서 "육신을 따라"와 "영을 따라"하면서 두 종류의 사람을 말한 것을 이제 상세하게 설명하는 것입니다. 첫 번째 육신을 따라가는 자에 대한 설명을 간단 간단하게 한번 보죠. 5절에 보면 육신을 따르는 자는 무엇을 생각합니까? 일단 육신의 일들을 생각합니다. 여기 육신은 우리의 몸을 가리키는 것이 아닙니다. 앞서 타락한 인간 본성이라고 그랬잖아요. 타락한 인간 본성에 따라 살아가는 보통의 사람들은 결국 범사에 무슨 생각을 하는가? 존 칼빈(1509-1564)이 종합적으로 말한대로 생각뿐 아니라 상상하는 것, 느끼는 것, 의욕하는 것 등 우리 인간이 하는 모든 의식의 활동들을 '생각한다'라고 하는 헬라어 단어로 표현해 줍니다. 그래서 우리가 믿지 않는 자일 때에 무엇을 열심히 생각하는가를 한번 보십시오. 갈라디아서 5장 19-21절 말씀도 같이 보실까요?

> 육체의 일은 분명하니 곧 음행과 더러운 것과 호색과 우상 숭배와 주술과 원수 맺는 것과 분쟁과 시기와 분냄과 당 짓는 것과 분열함과 이단과 투기와 술 취함과 방탕함과 또 그와 같은 것들이라.

우리가 바울 서신이나 베드로 서신에 봐도 이런 육체의 일, 불신자의 일, 혹은 이방인들이 어떤 삶을 사느냐에 대한 이야기들을 많이 만납니다. 에베소서 2장 1-3절에 보면요, 불신자들이 처한 상태를 죄와 허물로 죽었다고 말하고요. 세상의 풍속을 따라간다고 합니다. 세상의 유행, 세상의 트렌드(trend)에 조금이라도 뒤쳐지는 것을 참을 수 없고 앞서가려고 하며 또 마귀의 지배를 받고 있는 삶, 육체와 마음이 원하는 것을 좇아가는 삶이라고 표현을 했어요. 요한일서 2장 16절에 보면, 이 세상에 속한 것들이 무엇이냐? "육신의 정욕과 안목의 정욕과 이생의 자랑"이라고 이야기했습니다. 여러분, 제가 상세하게 설명을 할 수는 없지만 이런 내용들을 늘 생각하는 거예요. 성령에 이끌리지 않고, 말씀에 이끌리지 않는 자연인의 상태를 가끔 신자도 경험하잖아요. 젊은이들 말로는 '멍 때린다' 그럽니다. 멍을 때려 보면 즉, 가만히 있어보면, 우리의 마음이 어디로 가고 있습니까? 우리의 마음이 그냥 막 충만해가지고 거룩한 일 생각하고, 하나님을 생각하고, 성경 공부해야지 한다면, 그건 굉장히 좋은 상태입니다. 우리가 보통 상태로 보면요, 이 타락한 인간의 본성이 우리 가운데 남아 있기 때문에 옛 사람의 일들, 그런 내용들로 우리가 흘러가는 것을 보지 않습니까? 육신에 속한 자는 이런 일들을 생각합니다.

그러면 육신을 따라가는 결과가 무엇일까요? 6절에 있는 대로 이런 육신의 생각은 아무리 해봐도 결국은 생명이 아니고, 죽음에 이를 수밖에 없습니다. 하나님의 생명에서 떠나 있다 보니 결국 이런 일들을 열매 맺으면, 결국 영원한 죽음으로 갈 수밖에 없는 게 육신에 속한 자의 결국입니다. 7절 상반절에 보면. 육신의 생각은 하나님과 무엇이 되어 있습니까? 원수가 되어 있어요. 주변에 마음씨 착한 선량한 가족들인데, 예수님을 안 믿는 분들이 있을 것입니다. 저도 경험한 바입니다만, 평소에는 참 좋은 분입니다. 하지만 예수님을 이야기하고 복음을 이야기하면 갑자기 태도가 달라지거나 눈빛이 달라지는 경우들이 있습니다. 그 마음 가운데 하나님을 싫어하고 배척하는 것을 드러내는 것입니다. 결정적인 상황에 이르면, 불신자의 마음에 하나님에 대한 원수 된 마음, 적대감이 있다는 것이 드러나게 됩니다. 그러다 보니 7절 하반절에 있는 대로 반감을 가진 자가 싫어하는 자의 말을 따라갈 리가 없죠. 그들은 하나님의 뜻에 굴복할 수가 없어요. 굴복 안 할 뿐 아니라 "안해! 못해! 싫어!" 이런 거예요. 싫어할 뿐 아니라 할 수도 없어요. 왜냐하면 인간의 본성 가운데 영적으로 하나님이 기뻐하시는 수준의 선을 행할 수 있는 능력이 없기 때문입니다. 이것을 전적인 무능이라고 칼빈주의는 이야기하는 것입니다. 그리고 8절에서는 육신에 있는 자들은 하나님을 기쁘시게 할 수도 없다라고 이야기를 합니다. 그래서 존 머리John Murray(1898-1975)라는 신학자는 "하나님을 대항하는 그 원수 된 마음이 전적인 타락 바로 그 자체라면, 하나님을 기쁘시게 할 수 없음이라고 하는 것은 전적인 무능함을 표현을 하고 있다." 이렇게 이야기합니다.

반면에 이제 4절에서 우리 신자들은 더 이상 육신을 따라가지 않고 영을 따라가는 자가 되었다라고 할 때에 성령을 따라가는 자의 삶은 어떠할까요? 다만 이제 고린도 교인들에게 책망하듯이 그리스도 안에 있으나, 어린아이 같고 육신에 속한 자와 같이 어정쩡하게 살면 앞에 있는 육신을 따라가는 자의 삶을 우리가 경험할 수밖에 없어요. 그러나 우리가 성령을 따라가게 될 때, 어떤 일이 일어날까요? 육의 일이 아니라 영의 일을 생각한다고 말합니다. 영적인 관심을 가지게 되는 거죠. 그러면 성령에 속한 일들이 무엇일까요? 신자는 적어도 범사에 하나님과의 관계 속에서 생각을 합니다. 다른 모든 것들은 그에 비해서 부차적으로 중요하게 생각하게 됩니다. 그래서 신자들은 죄와 사망의 권세에서 건져 내신 하나님의 사랑이나 그리스도와 십자가에 대하여 소중하게 생각을 합니다. 또 은혜의 방편 혹은 구원의 방편들을 귀하게 여깁니다. 그리스도인들과 교제하는 일을 귀하게 여깁니다. 사실 이제 생각을 해봐도 우리가 신자이지만 피가 섞인 것도 아니고, 성도 다르고, 그런데 어떻게 교회 성도들 사이에 이렇게 서로 사랑하는 교제가 가능할까? 그런데 어느 날 하나님께서 제 마음에 깊은 깨달음을 주셨어요. 그리스도의 보혈로 말미암아 우리가 하나 되어 영원히 헤어질 수 없는 그런 관계가 되었기 때문에 그리스도 안에 있는 자들 간에는 영적인 관계, 이해타산이 없는 관계가 가능하게 되었다는 것입니다. 그래서 갈라디아서 5장 22-23절에도 보면요, 성령의 열매가 무엇이라고 되어 있습니까? 우리 가운데 한꺼번에 다 나타나지는 않겠지만 그러나 우리가 적어도 가는 방향이 이런 방향입니다. "사랑과 희락과 화평과 오래 참음과 자비와 양선과 충성과 온유와 절제" 이런 것들을 우리가 생각하고, 열매 맺는 방향으로 가게 됩니다.

그래서 우리가 육을 따라가면, 썩어지는 것, 죽음이 오지만 성령을 따라가게 될 때에 이제 영을 따라갈 때는 무엇을 가져옵니까? 첫 번째는 생명을 주십니다. 여기에 말하는 생명은 그냥 건강하고, 정신상태가 멀쩡하고, 그냥 환경이 좋은 그런 정도의 생명 혹은 삶을 말하지 않습니다. 오히려 이것은 요한복음 10장 10절에 있는 예수님의 말씀과 같이 "내가 온 것은 양으로 생명을 얻게 하고 더 풍성히 얻게 하려는 것이라." 영어로 표현하면 풀 라이프full life라는 표현을 씁니다. 충만한 삶, 사는 것 같은 삶, 영적인 생명을 신자들은 누리게 됩니다. 두 번째는 우리에게 무엇이 주어지는가 하면, 평강이 주어집니다. 성령을 따라 살아가야 평안이 옵니다. 하나님과의 관계 회복도 있지만 우리가 내면의 평강을 누리게 됩니다. 하나님의 평강이 그리스도 예수 안에서 우리의 마음과 생각을 지키시는 것을 경험하게 됩니다. 저나, 여러분의 삶의 환경이 편안해지는 것이 능사이고, 환경이 어렵기 때문에, 나를 괴롭히는 인간들 때문에 평안하지 않다라고 누구나 생각하기 쉽습니다만, 사실은 아닙니다. 일단은 환경과 관계 없이 지각에 뛰어난 하나님의 평강이 지배하는 신자들은요, 정말 진정한 평화를 누릴 수가 있습니다. 그리고 이렇게 영을 따라갈 때에 육에 속한 자와 달리 8절에 보면, 하나님을 기쁘시게 하려고 하는 소원을 가지게 됩니다.

사랑하는 여러분. 어차피 사경회지만 이 로마서 8장 강해를 하다 보면, 강의처럼 들리실 수도 있고, 조금 버거우실 수 있는데, 잘 한 번 생각을 해보십시다. 저와 여러분 가운데 정말 내가 그리스도 안에 있고, 정죄함이 없고 또 혹은 성령을 따라 살고 있는가? 라는 질문을 말입니다. 그렇다면 영적인 일에 관심을 가지고 있는가를 한번 생각해 보십시오. 이제 주일 지나고 난 다음에 오늘이 세 번째 날이잖아요(수요일). 지난 3일 동안 우리의 직장생활이 어떠하였습니까? 제 이야기도 했지만 정말 잠도 제대로 못 자고 골몰하는 인생 아닙니까? 땀을 흘려야 하는 인생길인데, 그럼에도 불구하고 그 가운데 성령의 일들을 생각하고, 관심을 가지고, 기도하고 하는,

또 교회에 대하여 관심을 가지며 그리스도와 십자가를 묵상하려는 몸부림이 저와 여러분에게 있던가요? 혹은 하나님을 기쁘시게 하려고 하는 소원이 여러분들 가운데 있던가요? 그와 같은 소망이 있음으로써 우리는 비로소 무엇을 할 수 있느냐? 4절에는 정확하게 율법의 요구라고 이야기했죠? 이건 이제 다르게 번역하면, 율법의 정당한 요구들입니다. 즉, 하나님의 뜻대로 살 수 있게 되어갑니다. 물론 온전하지 않지만 저와 여러분들 수준에서 하나님이 기뻐하시는 일들을 행하려고 합니다. 적어도 내가 하나님이 기뻐하신다면, 그리고 참고, 인내하고, 열매 맺고, 헌신하고, 희생하고, 시간을 들이고 또 필요하다면 물질도 하나님 앞에 드리는 일이나, 또 다른 사람을 섬기는 일이나, 다른 사람의 그 더러운 인간성을 옆에서 견뎌줌으로 그로 하여금 구원에 이르도록 돕는 일이든지 그런 일들을 하게 되어집니다.

무엇이 차이를 만드는가(9-11절)

그래서 이제 9-11절에 보면. 이와 같이 영을 따라 살아가는 삶이 가능하게 되어진 우리에 대해 그 원인이 무엇인지 혹은 그 이유에 대해서 성령에게 주목을 시키고 있습니다. 아마 내용들이 크게 어렵지 않을 거에요. 일단 9절 말씀에 보면요, 이렇게 말씀하고 있죠. “만일 너희 속에 하나님의 영이 거하시면 너희가 육신에 있지 아니하고 영에 있나니.” 저나, 여러분이 ‘영을 좇아간다. 육을 좇아간다’ 이런 이야기할 때에, 육을 좇아간다는 말은 쉬울 것 같아요. 그러나 ‘영을 좇아간다’고 하면, 이제 오해를 하는 분들이 있을 수 있습니다. 결국 하나님의 영이 거하시면, 우리가 육신에 있지 않고 영에 있습니다. 즉, 하나님의 영이 거하시는 자는 다 성령을 따라가는 자의 길에 서 있습니다. 그러니까 바울은 단호하게 말하지 않습니까? “누구든지 그리스도의 영이 없으면 그리스도의 사람이 아니라.”(롬 8:9). 여러분, 우리가 고린도전서 12장 3절의 말씀에도 보면, 바울은 이야기합니다. “내가 너희에게 알리노니 하나님의 영으로 말하는 자는 누구든지 예수를 저주할 자라 하지 아니하고 또 성령으로 아니하고는 누구든지 예수를 주시라 할 수 없나니.” 우리가 그리스도를 향하여 주라고 고백하고 구주라고 고백한다면, 우리의 마음에 내주하시는 하나님의 성령에 의하여 그렇게 하는 것입니다. 우리가 어떤 신령한 은사나 기이한 체험을 해야 성령이 우리 안에 있는 게 아니에요. 보편적으로 신자는 누구나 다 한 성령으로 세례를 받고, 한 성령으로 마시웠다라고 고린도전서 12장 13절에도 말씀하고 있습니다. 그래서 그리스도의 영이 없으면, 그리스도의 사람일 수가 없습니다.

왜냐하면 주변의 오순절 운동이나 신사도 운동하는 분들 보면, 진기한 일을 체험하는 것과 은사를 가졌느냐를 가지고 성령의 사람이냐 육신의 사람이냐 이렇게 구분을 하려고 하는 위험한 시도들을 하는 것을 봅니다. 저는 성경에서 말하는 계시적인 은사 이외의 다른 은사들에 대해 사모하는 입장입니다. 그러나 어떤 은사들이나 진기한 체험을 한 것을 가지고 우리가 신령하냐 신령하지 않느냐를 평가하면 안 됩니다. 신자라면, 누구나 다 그리스도의 영이 그 안에 있습니다. 성령의 내주가 있기 때문에 10절에 보면, 몸은 현재 저나 여러분이 생노병사(生老病死)에 종속되어서 늙어가고 있고 병들기도 하고 쇠약하기도 해요. 그리고 때가 되면 주님 오시기 전이라면, 우리도 죽을 겁니다. 그러나 영은 이미 의로 말미암아 살았어요. 즉 중생해서 영혼은 살아 있는 영이 지금 되어 있습니다.

그러면서 또한 한 가지 우리에게 주어져 있는 소망이 무엇인가 하면, 11절에 있는 말씀이죠. "예수를 죽은 자 가운데서 살리신 이의 영이 너희 안에." 즉, 여러분과 제가 신자라고 한다면 "그리스도 안에 있음"이고, 그리스도 안에 있으면 "성령이 우리 가운데 내주"하고 계십니다. 그래서 모든 그리스도인들에게 로마서 8장에 있는 서른 아홉 절의 내용은 우리의 생득권입니다. 이건 우리가 선택할 수 있는 것도 아니고, 우리가 등급에 따라 누리고 안 누리고의 문제가 아닙니다. 모든 그리스도인들에게 적용되는 말씀입니다. 그래서 "예수를 죽은 자 가운데서 살리신 이의 영이 너희 안에 거하시면 그리스도 예수를 죽은 자 가운데서 살리신 이" 즉, 그리스도를 부활시킨 분이 무엇을 합니까? 너희 안에, 즉 우리 안에 거하시는 그의 영으로 말미암아 우리의 죽을 몸도 살리실 것이라고 부활의 소망을 약속하고 있습니다. 저나, 여러분들의 영혼이 거듭나서 영적인 실재를 체험하고, 바울이 로마서 14장 17절에 말한 대로 하나님의 나라는 먹고 마시는 그런 세상적인 복에 있는 것이 아니고, 성령 안에서 의와 희락과 평강이라고 하신 그 실재를 우리가 영적으로 누리며 살아갈 수 있게 됩니다. 그러면서도 우리에게 약속되어 있는 것이 무엇이냐 하면, 몸의 부활에 대한 약속입니다. 저도 나이 드신 분들을 목회 중에 섬기고, 이 복음으로 소망을 드리는 역할들을 해보았는데요, 저 자신도 이제 나이가 들고 일찌감치 고생을 해서 그런지 몸이 정말 많이 힘듭니다. 집사람도 여기 저기 많이 힘듭니다. 우리가 이 몸이 너무나 연약해지니까 나이가 들고 그러면, 또 어르신들도 그렇지만 부활에 대한 소망이 안 믿어질 때가 있습니다. "이렇게 살다가 죽는 거지, 과연 몸이 부활할까?" 그러나 우리 가운데 계신 성령은 우리들에게 분명한 소망을 말씀하세요. 영광스러운 그리스도의 부활체와 같은 몸으로 우리 모든 신자들도 부활하게 될 것이라는 것입니다.

결론적인 적용(12-13절)

그래서 오늘 결론적인 적용은 12-13절에 있는 말씀으로 끝을 맺는 것입니다. 바울은 앞서 말해온 내용들에 근거하여 "이제 형제들아"라고 시작합니다. 저나, 여러분을 향하여서도 권면한다라고 생각하시고요. "우리가 빚진 자로되 육신에게 져서 육신대로 살 것이 아니[다]." 우리는 더 이상 아담 안에 있지 않습니다. 육신 즉, 타락한 인간의 본성에 따라 마지못해 살아가야 하는 빚진 자의 신분이 아니라는 겁니다. 만약에 우리가 남아 있는 이 육신, 타락한 본성, 옛사람의 그 잔재를 따라 살면 어떤 결과가 올까요? 반드시 죽을 것입니다. 여러분, 죽는다는 건 단순히 육신이 죽는다 이런 의미가 아닙니다. 우리가 정말 이 육신대로 살면, 죽을 것이라고 하는 이 말씀과 정반대가 무엇이라고 되어 있습니까? 산다는 것입니다. 우리의 축복을 누리려면 영으로서 무엇을 해야 할까요? 바울의 말대로 몸의 행실을 죽이는 것입니다. 신자들에게도 육신이 남아 있어요. 타락한 본성이 남아 있다는 말입니다. 하나님 없이 하나님 중심하지 않는 타락한 인간의 본성에 따라가고 싶은 이러한 마음, 육신의 일을 행하고 싶은 그런 마음들을 가리킵니다. 그대로 살아 가면, 신자가 살아 있는 것 같을까요? 신자가 그런 일을 하고 있다면 행복할까요? 마음 가운데 기쁨이 있을까요? 진정한 평강이 있을까요? 그렇게 육신을 따라 살아가면서 우리가 어떤 다른 외적인 것들은 잔뜩 누리더라도 말입니다. 저는 영화 〈캐리비안의 해적 1 - 블랙펄의 저주〉(2003)에 나오는 그 해적들의 모습이 굉장히 인상 깊게 남아 있어요. 별로 좋아하지도 않는 영화 시리즈이긴 한데, 많이 먹고 마시지만 이들이 받은 저주가 무엇이었습니까? 전혀 만족이 없다는 것이었습니다. 그러니까 우리가 신자이면서 육신을 따라 여전히 살아가게 되면, 우리가 경험하게 되는 건요, 영원한 죽음은 아니지만 영적으로는 불행이고, 비참이고, 또 영적인 고초들, 이 죽음에 해당하는 내용들 밖에 없어요. 마음 깊은 곳에서부터의 샘솟아나는 평화가 오지 않아요. 우리는 다 돈 걱정을 하고 살아갑니다. 그러나 과연 얼마나 우리에게 주어져야 신앙생활 잘할 만큼 돈에 대해서 잊어버리고, 자유롭고 행복하게 신앙생활만 할 수 있을까요? 그런 날은 안 옵니다. 그러한 것들이 우리에게 행복을 주고, 그런 것들을 많이 가질수록 우리에게 자유함을 주고, 살 맛을 준다고 하는 가치관으로부터 자유로워질 때에 우리들은 많이 가지든 적게 가지든 그것에 구애되지 아니하고, 진정한 행복의 길을 추구하게 되어 있습니다.

타락한 인간의 본성이 아니라 성령의 인도하심을 따라 이런 말씀을 듣고 읽음을 통해 우리에게 전달되어지는 하나님의 말씀에 따라 "아, 이것은 타락한 일들이다. 죄의 일들이다. 육신의 일들이다. 세상적인 일들이다" 하는 것들에 대하여 우리는 영적으로 죽여야 합니다. 이것을 칼빈이나 청교도들은 죄 죽임mortification이라고 표현했습니다. 저와 여러분들이 신앙의 그와 같은 싸움을 통하여, 이 성화의 몸부림을 통하여 성령을 의지하고 말씀을 의지하여 이런 옛사람과의 영적인 전투에서 이기면 이길수록 따라오는 것, 다르게 이야기하면 거룩을 사모하고, 거룩을 추구하면 우리에게 부수적으로 따라오는 것은 행복입니다. 행복을 목적으로 삼을 때는 행복이 오지 않습니다. 우리가 성령을 따라 거룩한 삶을 추구하며,

이 몸의 행실을 죽이는 일에 힘쓸 때 행복은 부수적으로 따라옵니다. 이 성화의 싸움에서 우리가 기도도 필요하고, 말씀공부도 필요하고, 때로는 목사님의 지도도 필요하고, 여러분끼리 견책도 필요하고, 이런 집회도 필요하고, 금식도 필요하고, 다양한 이 은혜의 방편을 통하여서 우리가 남아 있는 이 몸의 행실들과 옛사람의 흔적들을 우리가 죽여나갈 때에 따라오는 것이 행복입니다. 행복은 보너스로 오지, 행복이 본질이 아닙니다. 이것을 간과할 때에 사람들은 얼마나 많은 기복신앙이나, 잘못된 성령운동을 통하여 이 행복을 얻으려고 하는 노력들을 하게 됩니다. 그러나 결국 그것은 행복에 이르는 길이 아닙니다. 길은 간단합니다. 하나님의 자녀들은 성령을 따라 우리 안에 있는 이 몸의 행실과 죄악 된 요소들, 또 우리의 소원하는 바에 문제가 있다고 관계에 문제가 있다면, 그런 것들을 우리가 영을 따라 말씀의 방편을 통하여 죽여나가고 벗어버리려는 몸부림을 쳐나갈 때에 바울은 약속하고 있습니다. 하나님의 말씀으로 죽이면 살 것이라고 말입니다.

마지막으로 존 오웬(1616-1683)의 말을 인용해보겠습니다. 청교도 존 오웬은 "너희들 안에 있는 죄를 죽이면 살 것이지만" 그러나 만약 죄를 죽이지 않고, 방치하면서 세상이 그렇고, 시대가 그렇고, 주변이 다 그러는데 그러면서 관용을 해

버리면 "죄가 너희들을 죽일 것이다"라고 경고했습니다. 즉, 신자지만 별로 살고 싶지 않은 인생을 살게 되는 것입니다. 삶의 재미도 없고, 신나지도 않은 그런 삶을 사는 것입니다. "나는 예수님을 믿는 것이 너무나 좋습니다"라고 간증할 만한 내용도 없어요. 교회는 다니고, 장차 천국 갈것도 확신해요. 그럼에도 불구하고 십자가를 바라보아도 전혀 감격이 없고, 또한 영혼들을 바라볼 때에 그 못된 말들을 하는 그 인간들이 그냥 미울 뿐이지, 십자가라는 렌즈를 끼고 '저 불쌍한 저 죽은 영혼' 하는 이런 마음도 우리에게 생기지 않아요. 영적으로 무감각하고, 영적으로 말하자면, 황폐해지는 거죠. 이게 바로 신자이지만 육신을 따라 계속해서 고집하여 살아갈 때에 우리가 경험하게 되는 영적인 실상입니다. 지난 세월 가운데 저 자신도 긴 시간 동안 그런 과정들을 겪어봤어요. 그러고 나면, 이제 깨닫죠. 아, 진짜 행복의 길이 무엇이냐? 거룩을 사모하고, 또한 그리스도의 형상을 이루기 위하여 이 방향을 향하여 내가 나아가는 것이 진짜 내가 주님 주시는 풍성한 삶, 살만한 인생, 넘치는 삶, 나눠줄 수 있는 보람 있는 인생이 되어가는 유일한 길이라고 하는 것을 깨닫고, 우리는 옛사람의 일들을 벗어버리는 그런 일을 하게 됩니다. 그러나 우리가 왜 힘들고, 어려운 여정과 또 환난이나 징계라고 하는 방편을 통하여 힘겹게 우리의 인생이 바뀌고 나서야 바뀌었다고 자랑하겠습니까? 이런 말씀 들으면서 생각하고, 고민하고, 암송하고, 붙잡고 기도하는 이것이 더 힘들겠습니까, 환경이라는 방편에 의하여 우리가 우리의 옛사람의 몸의 행실들을 벗겨나가는 그런 일들을 겪는 게 더 힘들겠습니까? 저는 알아요. 하나님의 손맛은 무척 매섭습니다. 미련해서 수도 없이 경험해 봤어요. 그래서 여러분, 말씀만으로 하는게 제일 좋은 길입니다. 이 말씀이 아마 여러분들에게 감미롭게 다가가진 않았을 거라고 생각은 합니다만 아무튼 집에 가셔서 내일 오실 때까지 곰곰이 한번 말씀을 생각해 보시고요. 근본적으로 이런 기회는 하나님이 여러분들에게 다시 한번 하나님의 품으로 부르시고, 우리의 영적인 초점을 깨끗이 다시 한번 조정할 수 있는 기회를 주신 시간이라고 생각을 합니다.

마지막으로 남미 CCM인 "나는 믿네"라고 하는 곡을 우리 한번 같이 부르고 마치겠습니다. "내게 허락하신 시련을 통해 나의 믿음이 더욱 강하게 자라나고 험한 산과 골짜기 지나는 동안 주께 더 가까이 나를 이끄시네." 특별히 이 세 번의 사경회를 하는 기간 동안에 어떤 시련과 험한 산골짜기를 지나가고 있는 인생들이 있으시다면, 오늘 이 고백처럼 내가 겪는 시험이 어렵고 힘겨워도 나의 주님보다는 결코 크지 않다라고 하는 이 사실을 발견하는 그런 기회가 되시고, 주의 능력으로 내 삶 새롭게 되어지는 그런 경험을 하는 기회가 되시기를 바랍니다.

내게 허락하신 시련을 통해
나의 믿음 더욱 강하게 자라나고
험한 산과 골짜기 지나는 동안
주께 더 가까이 나를 이끄시네
내가 겪는 시험이 어렵고 힘겨워도
내 주님보다 크지 않네
내 앞의 바다가 갈라지지 않으면
주가 나로 바다 위 걷게 하리
나는 믿네
주의 능력으로 내 삶 새롭게 되리
나는 믿네
주의 능력으로 담대히 나아가리라
주와 함께 싸워 승리하리라
날마다 믿음으로 나 살아가리
- Ana e Edson Feitosa -

2. 하나님의 자녀요 그리스도의 상속자

무릇 하나님의 영으로 인도함을 받는 사람은 곧 하나님의 아들이라 너희는 다시 무서워하는 종의 영을 받지 아니하고 양자의 영을 받았으므로 우리가 아빠 아버지라고 부르짖느니라 성령이 친히 우리의 영과 더불어 우리가 하나님의 자녀인 것을 증언하시나니 자녀이면 또한 상속자 곧 하나님의 상속자요 그리스도와 함께 한 상속자니 우리가 그와 함께 영광을 받기 위하여 고난도 함께 받아야 할 것이니라 생각하건대 현재의 고난은 장차 우리에게 나타날 영광과 비교할 수 없도다 피조물이 고대하는 바는 하나님의 아들들이 나타나는 것이니 피조물이 허무한 데 굴복하는 것은 자기 뜻이 아니요 오직 굴복하게 하시는 이로 말미암음이라 그 바라는 것은 피조물도 썩어짐의 종 노릇 한 데서 해방되어 하나님의 자녀들의 영광의 자유에 이르는 것이니라 피조물이 다 이제까지 함께 탄식하며 함께 고통을 겪고 있는 것을 우리가 아느니라 그뿐 아니라 또한 우리 곧 성령의 처음 익은 열매를 받은 우리까지도 속으로 탄식하여 양자 될 것 곧 우리 몸의 속량을 기다리느니라 우리가 소망으로 구원을 얻었으매 보이는 소망이 소망이 아니니 보는 것을 누가 바라리요 만일 우리가 보지 못하는 것을 바라면 참음으로 기다릴지니라(롬 8:14-25).

두 번째 날에 만나니까 어색함이 덜한 것 같습니다. 사경회 고난주간인데, 우리의 사모하는 주님, 예수 그리스도에게 집중할 수 있는 그런 저녁이 되기를 소망하면서 찬송가 32장 한 번만 같이 부르겠습니다.

만유의 주재 존귀하신 예수
사람이 되신 하나님
나 사모하여 영원히 섬길
내 영광되신 주로다

화려한 동산 무성한 저 수목
다 아름답고 묘하나
순전한 예수 더 아름다워
봄 같은 기쁨 주시네

광명한 해와 명랑한 저 달빛
수많은 별들 빛나나
주 예수 빛은 더 찬란하여
참 비교할 수 없도다 아멘

우리가 찬송한대로 "순전한 예수 더 아름다워 봄 같은 기쁨 주시네." 이와 같은 은혜가 이 저녁에도 주님께로부터 여러분 모두에게 임하시기를 바랍니다. 오늘 이제 두 번째 시간은 내용이 크게 어렵지 않기 때문에 잘 들으면 어제보다는 어려운 용어도 적게 나올 것입니다. 그렇다고 해서 설교자가 인위적으로 은혜를 끼칠 수 있는 것이 아니기 때문에 두려운 마음으로 이 시간 또 함께 말씀을 나누려고 합니다. 설교학에서는 설교의 시작 부분이 매우 중요하다는 걸 말하고 있고, 오랜 설교단의 체험상 저도 그것을 잘 알기 때문에 본문을 설명하기 전에 꼭 아이스 브레이킹에 해당하는 그런 이야기들이

나 아니면 영화 이야기를 가끔 하곤 합니다.

오늘은 간단하게 제가 〈그레이스 오브 모나코〉Grace of Monaco(2013)라고 하는 영화를 잠시 이야기하겠습니다. 그레이스 켈리Grace Kelly(1929-1982)라고 하는 1950년대의 할리우드에서 잘 나가던 20대 여배우가 인구가 3만 명 좀 넘는 작은 독립 국가 모나코라고 하는 곳의 대공비가 됩니다. 소위 레이니어 3세Rainier III(1923-2005)라고 하는 대공의 청혼을 받고, 그 세계적인 스타가 자기 경력을 포기하고, 20대에 대공비가 됩니다. 영어로는 프린세스princess라고 부르는 지위입니다.

그렇지만 6년이 지나가는 동안에 프랑스어를 쓰는 나라에 영어를 쓰는 여자가 와서 소위 나라의 제일 중요한 자리에 아내로 있으니 국민들의 정서도 안 좋고, 또 자기도 적응을 못해서 굉장히 애를 먹습니다. 그러다가 이제 프랑스의 샤를 드 골(1890-1970) 대통령이 모나코를 삼키려고 상당한 어려움을 줍니다. 항구를 봉쇄하거나, 과세를 요구하거나 하면서 긴장을 불러일으키고, 나라 전체가 크지도 않지만 흔들흔들거립니다. 뭐 대안이 별로 없었습니다. 그럴 때에 이 그레이스 대공비가 이제 일어섭니다. 적십자 모임에서 연설을 하면서 자신의 결연한 의지를 보여줍니다. 그 결과 결국은 드 골의 마음이 녹아지고, 그 다음에 1963년에 그런 제재 조치를 다 풀

게 되는 그런 이야기입니다. 물론 그 가운데는 사실이 아닌 내용들도 있을 것입니다. 영화라는 게 우리가 다 알듯이 사실만 가지고 이야기하지 않기 때문입니다. 그럼에도 불구하고 영화상 제가 볼 때에 일단은 처음에는 자기 자리를 제대로 인식하지 못하고, 인정도 못 받고, 그리고 별 의미 없이 "내가 왜 여기에 와 있을까"라고 회의하고 방황하는 시간들을 보내다가 어느 시점에서 자기가 누구인가를 이제 인식을 하고, 결연하게 일어나서 자기의 그 신분을 주장하고, 또 자기의 역할을 담대하게 행하는 이 여성의 모습을 보면서 오늘 이 본문의 주제와 관련되어 보입니다. 오늘 주제가 하나님의 자녀, 하나님의 상속자라고 하는 주제인데, 좀 더 정확하게 우리가 강조하고 싶은 것은 그리스도와 함께한 상속자라고 하는 것인데, 많은 신자들은 자신이 누구인가에 대하여 정작 대공비가 되고서도 자기가 누구인가를 제대로 알지 못하고, 또 경험적으로 누리지 못하고, 또 자기의 역할을 하지 못하는 초기의 그레이스와 같은 모습으로 살아가는 이들이 뜻밖에 많이 있는 것 같습니다.

영화에 보면 마지막에 나오는 대사가 정말 저도 눈물을 흘리고 싶은 느낌을 주었습니다. 대략 이제 번역을 하면, 마지막에 이런 대사가 나와요.

내 생에 있어서 내가 원했던 모든 것은 아무런 의혹의 눈초리를 받지 않고, 아무런 판단을 받지 않고, 아무런 조건 없이 내가 속하여 사랑하고, 사랑받을 수 있는 곳에 머무는 것입니다. 그리고 이것은 나의 동화가 될 것입니다.

저는 연구실에 혼자 앉아 이 영화를 보았습니다. 영화 자체도 저속한 영화도 아니고요. 나름 생각을 하게 하는데, 그것보다도 제가 요점을 말씀드린 것처럼 자기 자리를 제대로 인식하고 결연히 일어나서 자기의 역할을 하게 되는 이 모습이 우리 신자들에게도 뭔가 교훈을 준다는 생각을 하게 되었습니다. 그 다음에 이제 마지막에 소개해 드리는 이와 같은 대사가 어떻습니까? "아무런 의혹의 눈초리를 받지 않고, 판단을 받지 않고, 또 조건 없이 사랑하고. 사랑을 받을 수 있는 그곳에 머물고 싶은 것. 이게 바로 내 생에 있어서 원하는 것 전부입니다."

저는 가족 가운데서 언젠가 이런 이야기를 들었습니다. 전문직에 있고 멀쩡해 보여요. 그런데도 불구하고 "나는 살아오면서 정말 나를 무조건적으로 사랑해주는 사랑을 경험해보지 못했다"고 말하는 것을 들으면서, 순간 저도 눈시울이 붉어진 적이 있습니다. 왜냐하면 그 말이 무슨 말인지를 저도 이해를 하기 때문입니다. 세상적으로 우리가 생각하면, "아니, 뭐 배울만큼 배웠고, 잘 나가고, 뭐 어쩌고 어쩌고 하는데, 무조건적인 사랑을 못 받아봤다는 게 그렇게도 가슴 아프냐"고 이렇게 말할지도 모릅니다. 어차피 세상에 조건이 없는 사랑이 어디에 있습니까? 그러니까 앞서 인용한 그레이스 켈리의 영화상의 대사도 그래요. '나의 동화'라는 표현을 쓴 것입니다. 그러니까 "그런 사랑을 받고, 그런 사랑을 하는 자로서 내가 머물러 살고 싶다."라고 하는 소망은 진짜 말 그대로 동화일 뿐입니다. 왜냐하면 현실적으로 그런 이야기는 존재하기 어렵기 때문입니다. 목사가 그냥 제멋대로 그냥 할 것 다 하고, 낚시하러 다니고, 열심히 여행다니고 이러는데 교인들이 가만히 있습니까? 조건 없이? 여러분 목사님과는 아무 관계없으니까 하는 이야기예요. 그런 교회도 가끔 있습니다. 아니면 저같이 교수가 되어서 연구도 안 하고, 강의 시간도 늦게 오거나 빼먹고, 또 강의 시간에 맨날 헛소리하고, 무슨 정치 이야기나 하고 그러면 학생들이 그냥 있을 줄 압니까? 전혀 아니에요. 단 한번만 그렇게 해도 SNS에 난리가 납니다. 그러니까 조건 없이 사랑을 하고, 사랑을 받을 수 있다라고 하는 건요, 일단은 공적인 생활에서는 불가능합니다. 심지어는 가족들 속에서도 그런 관계가 쉽지 않은 시대입니다.

그런데 이제 이 긴 서론의 요지가 무엇인가하면, 오늘 읽은 말씀을 한번 보세요. 로마서 8장의 말씀을 말입니다. 이번 집회의 주제 구절인 "우리를 사랑하시는 이로 말미암아"와 연관해서 다시 생각해 본다면, 그래서 우리에게 무엇이 주어졌습니까? 그리스도 예수 안에서 우리가 결코 정죄함이 없는 존재, 그런 신분 하나님과의 그런 관계 속에 있게 되었다가 첫 번째 구절 아니었습니까? 그리고 이것을 죄와 사망의 법에서 해방되었다고 표현하기도 했습니다. 그리고 왜 그렇게 하실 수 있느냐? 즉 우리에게는 아무런 대가 요구 없이, 우리의 어떠함에 근거하지 아니하고, 하나님이 전적으로 이와 같은 선물을 어떻게 무슨 근거로 주실 수 있었는가? 그게 바로 어제 3절에 생각한 것처럼 고난주간에 우리가 다시 돌아보는 바, 그리스도가 이 땅에 오심과 우리를 위하여 죽으심이라고 하는 이 중요한 수난의 메시지로 돌아갈 수밖에 없는 것입니다. 사도 바울은 때로 그리스도가 그렇게 하셨다 그리스도가 주권적이고 능동적으로 하신 일로 설명도 하지만요. 3절에서는 하나님 아버지가 우리들을 정죄함이 없는 자요, 죄와 사망의 법에서 건져내시기 위하여 자기 자신이 먼저 대가를 지불하셨다라고 하는 이야기를 하고 있습니다. 하나님은 무엇을 하셨는가? 자기의 아들을 죄 있는 육신의 모양으로 보내주셨습니다. 두 번째는 그 아들의 육신 안에서 죄를 정죄하셨습니다.

그래서 말씀드린 대로 우리는 한 것이 없고, 자격이 없습니다. 우리의 조건을 따지면 하나님의 사랑을 회복할 수가 없게 됩니다. 또 영원한 정죄나 영원한 심판과 심판 이후의 영원한 지옥이라고 하는 공포와 형벌에서 우리가 자유로워질 수 있게 하는 아무런 근거가 없습니다. 그냥 죽는 것밖에 없고, 영원한 형벌 속에 있는 것밖에 없습니다. 그런데도 불구하고 하나님 아버지께서 주도적으로 우리를 사랑하셔서 자기의 아들을 이 땅 위에 보내주셨어요. 그리고 그 아들 안에서 우리의 죄에 대한 값을 지불해주셨습니다.

아마도 여러분들도 고난주간을 맞아 십자가상의 칠언을 가지고 묵상하는 기회를 가지신 적이 있을 것입니다. 저도 여러번 그런 기회를 가져 보았습니다. 그 칠언 중에 하나가 무엇입니까? "엘리 엘리 라마 사박다니. 나의 하나님. 나의 하나님. 왜 나를 버리십니까?"라는 말씀입니다. 그게 도대체 무슨 말씀입니까? 영원한 아버지와 아들의 삼위일체적인 관계는 끊어짐이 없습니다. 요한복음 1장에 있는 대로 아버지의 품에 있던 아들이라는 표현을 썼습니다. 마치 아기가 아버지의 품에 있는 것과 같은 모습을 영원하신 하나님의 아들이신 그분에 대하여 사용하고 있습니다. 이것이 의미하는 바는 성부와 성자의 영원한 친밀하심입니다. 그리고 고난의 시간이 다가올 때도 아버지가 나를 혼자 내버려 두지 않기 때문에 나는 혼자가 아니다고 말씀하셨습니다. 그러나 결국 십자가 상에서는 혼자이십니다. 그 영원하고 그 좋았던 관계가 끊어져요. 왜냐하면 그분에게 문제가 있어서가 아니라 하나님께서 자기 아들을 보내시면서 하라고 하신 일이 우리 택함 받은 하나님의 자녀들 대신에 십자가 위에서 그 죗값을 대신 지불해야 하는 역할이기 때문에 하나님과 아들 사이에 어쨌든 그 순간에는 단절을 경험하신 것입니다. 사실 우리 인간관계라는 게 가족이든 친구든 간에 어떤 친밀하지도 않고, 뭐라고 할까요? 애틋하지도 않고, 이런 것도 없이 그냥 뭐 있으면 좋고, 없어도 그만이고 이런 관계면요. 말하지 않아도 별로 그렇게 안 답답하잖아요. 안 봐도 좋은 가족도 있고 말입니다. 그런데 예수님과 아버지 하나님 사이에는 영원토록 품에 있었다라고 할 정도로 친밀한 관계예요. 그런데도 불구하고 잠시이지만 예수님과 하나님 사이의 관계에 있어서 역할극이 우리를 대신하여 정죄를 받으셔야 했기 때문에, 죗값을 아들에게 물으시기 때문에 우리를 대신하여 그 순간은 혼자이실 수밖에 없었던 것입니다.

하나님의 자녀(14-17절)

그래서 그 결과로 오늘 읽은 14-17절을 보시면, 자기의 독생자를 보내시며, 자기의 독생자 안에서 우리의 죗값을 대신 물으시고 나서까지라도 우리들을 사랑하시는 그분이 우리에게 주신 축복이 무엇인가? 그것은 바로 우리가 하나님의 자녀이다라는 것입니다. 우리가 하나님의 아들과 딸이라는 것입니다. 그래서 15절 말씀을 먼저 보면요, "너희는 다시 무서워하는 종의 영을 받지 아니하고 양자의 영을 받았으므로." 우리가 종의 영을 받은 게 아니고, 현재 신자들에게 우리를 사랑하시는 그분이 누구를 보내주셨냐 하면, 양자의 영을 보내셨다는 것입니다. 그래서 그 결과 우리가 하나님 아버지를 향하여 뭐라고 부르짖습니까? 네. 아빠 아버지입니다. 우리 개역개정은요 발음을 그래도 잘 표기해주고 있습니다. 예전 표기로는 아바라고 했는데, 부정확한 것입니다. 사실 압바Abba 혹은 '아빠' 이게 정확합니다. 아람어가 놀랍게도 예수님이 쓰시고, 제자들이 썼던 아람어로 이 단어만큼은 우리 한글과 거의 발음이 같습니다. 그 내용이나 혹은 그 분위기도 비슷합니다. 사실 저는 평생을 사는 동안 이제는 팔순을 넘으신 아버지에게 단 한 번도 아빠라고 불러본 적이 없습니다. 지금도 부르라고 말씀하시면, 저는 아빠라고 못 불러요. 이 나이에 뭘 아빠라고 불러요? 그런데 우리 아들은 단 한 번도 아버지라고 정상적일 때 안 불러요. 지금은 청년이지만 애가 늘 저에게 다가와 호칭은 아빠라고 부릅니다. 제가 신대원 다니면서 애를 낳아 기르다 보니까 얼마나 정신이 없냐 하면, 아들이 제게 아빠라고 불렀던 첫 순간에 대한 기억이 전혀 없어요. 그렇지만 이제 지금 그 나이에도 장가 안 갔으니 그렇기도 하겠지만 저를 늘 아빠라고 부릅니다. 그런데 이 아들이 어느날 아버지하고 다가오면 슬쩍 겁이 납니다. 이건 심각한 상황이라는 뜻이거든요. 뭔가 진지하게 저에게 요구하는 상황일 때, 격식을 갖추고 아버지라고 부르는 거거든요. 2016년 말엔가 아들이 아버지 하면서 다가와서는 1년 동안 대학에 남아 더 다녀도 되겠습니까?라고 했습니다. 플랜을 프린트해 가지고 와서는 1년 동안 더 남아 총학 일을 해보고 싶다는 것입니다. 해외 어학연수도 못 보내주는데, 그러라고 했습니다. 그리고 총학 총무국장하는 1년 동안 포항에 지진이 났었고 총무팀에서 만든 지진 대피 매뉴얼대로 움직여서 인명사고를 막기도 했습니다. 그래서 좌우지간 그런 이야기할 때만 아버지 하고 약간 떨리는 목소리로 저에게 말합니다. 그렇지 않으면 늘 그냥 아빠라고 부릅니다.

그런데 저나, 여러분 그리스도인들이 하나님과의 관계 속에서 무엇이라고 부른다구요? 네 아빠 아버지입니다. 우리가 예수님을 믿기 전에는 종의 영을 가지고 있었습니다. 즉, 마음에 두려움이 충만했습니다. 사람들이 멀쩡해 보이지만 참 두려움이나 불안이 가득해요. 또 한 가지는 염려가 가득한 것이 불신자의 심령입니다. 그러나 하나님의 자녀가 되어질 때는 이와 같은 종의 영을 벗어나 양자의 영을 받게 됩니다. 여기 양자(養子)adoption라는 표현을 썼는데. 이게 무엇인지는 유명한 〈 벤허 〉Ben Hur(1959, 2016)라고 하는 영화를 보시면 알 수가 있습니다.[4] 100년도 더 된 소설에 근거하여 만든 영화인데, 예수님 당시 유다를 배경으로 하고 있습니다. 주인공 벤허라고 히는 사람이 친구 메살라(Messala)의 모함에 빠져서 노예로 팔려가고, 갤리선의 바닥에서 노를 젓게 됩니다. 인간 이하의 힘겨운 삶을 살아갑니다. 그러다가 전투 현장에서 배가 깨어지고, 물에 빠져 정신을 잃은 아리우스(Quintus Arrius) 장군을 구출해 주게 됩니다. 그러자 아리우스 장군은 그 노예인 벤허를 자기의 아들로 입양을 합니다. 그리고 어떤 결과가 일어나게 되느냐 하면, 더 이상 과거의 벤허는 법적으로 관계없게 됩니다. 그가 장군의 아들이자, 법적 상속자가 된 것이 중요해진 것입니다.

사도 바울은 로마에 있는 교인들에 이 서신을 쓰면서 로마인들에게 익숙한 바로 그 입양제도를 예로 들어서 하나님과 우리 사이에 일어난 관계의 혁명적인 변화를 설명해 주고 있는 것입니다. 이런 설명들은 참 많이 들으셨을 것이고 익숙하실 거라고 봅니다. 그러나 어쨌든 우리는 양자 된 아들과 딸들입니다. 왜냐하면 하나님께 유일무이하고 원래적인 아들은 한 분밖에 없습니다. 바로 예수 그리스도이십니다. 그러나 우리들은 하나님의 아들과 딸들이 되었지만 입양에 의하여 양자가 되고. 양녀가 된 것입니다. 그래서 이것이 어떻게 가능한가? 앞서 우리가 살펴본 말씀들의 연속선상에서 생각을 해야 합니다. 결국은 그리스도 안에서 이 일도 가능하게 된 것입니다. 정말 우리가 하나님의 자녀라고 한다면, 우리들에게 어느 시점엔가 확인이 되어지는 주관적인 변화가 있습니다. 그건 바로 하나님을 향하여 "아빠 아버지라고 부르짖"게 되는 것입니다(15절). 사실 이 아빠 아버지(바울의 헬라어로는 *Abba pater*라고 되어있다) 이렇게 붙여 놓으니까 아빠 아버지라고 두 개를 다 불러야 하는가라고 오해를 합니다만, 사실 바울은 아람어를 모르는 로마인들에게 아빠Abba라고 하는 예수님이 쓰셨던 그 아람어를 전하면서 아버지라는 뜻이다라고 설명을 붙인 겁니다. 그러니까 우리가 기도를 할 때에 하나님을 향하여 “아빠 아버지여!”라고 부르짖는 것도 괜찮아요. 그렇지만 사실 지금 바울의 의도는 아빠라고 너희들이 부르짖게 된다라고 하는 이야기이고, 그 아빠가 무슨 뜻이냐 아버지라는 뜻이다 그런 설명어를 붙인 것입니다. 아버지가 처한 상황이나 처지도 알지 못하고 그냥 달려와서 그 품에 덥석 안기면서 아빠라고 외치는 그 아기의 모습 상상이 가시지 않습니까? 혹은 더러들 부모로써 경험해서 아는 사실 아닙니까? 저나 여러분들이 하나님 아버지를 향하여서 아빠라고 부르짖음이 무엇인지 경험적으로 아시지 않습니까? 이건 그냥 살짝 “아빠” 이게 아니에요. ‘부르짖었다’라고 하는 용어는 굉장히 강렬한 용어입니다(바울은 헬라어로 크라제인krazein이라는 동사를 사용하고 있다). 갈까마귀가 ‘까악 까악’ 하고 소리내는 의성어를 표현한 것입니다. 그러니까 우리의 가슴 깊은 곳에서부터 아이가 어느 순간 “아브” 뭐 이러다가 “아빠!” 이렇게 되어졌을 때에 그것과 같아요. 우리가 연습해서 하나님을 향하여 아빠라고 부를 수는 없는 일입니다. 저는 정말 개인적으로 유교적인지 모르지만 어느 누구에게도 “아버지”, “아버님” 이런 표현은 안 씁니다. 우리 장인어른께도요. 장인어른은 교사를 오래 하셨기 때문에 사위인 저보고 그런 것에 대해 이상하다고 생각 안 하십니다. 왜냐하면 그냥 ‘장인어른’ 이고, ‘장모님’이시지,

저는 30년 동안 그 이상의 호칭을 써본 적이 없습니다. 이상하다고 생각하실지 모르겠지만, 이것이 전통적인 사고로는 틀린 것은 아닙니다. 어느 날 제가 약국에 갔는데, 약사가 "아버님" 그래요. 그래서 깜짝 놀라서 "내가 왜 아버님이냐고." 물론 사람들은 그냥 편하게 그런 호칭들을 잘 사용합니다. 우리가 "아버님", "어머님" 이런 표현들을 일상에서 그냥 아무 느낌없이 편의상 쓰곤 합니다. 그런데 저는 이런 호칭 사용에 엄격한 편입니다.

그런데 어떻게 창조주 하나님을 향하여 우리가 감히 아빠라고 부르짖을 수가 있습니까? 우리가 구약에 보시면 하나님과 친했던 분들이 있습니다. 아브라함도 있고, 다윗도 있고, 요셉도 있고, 다니엘도 있습니다. 저는 우리가 그리스도 안에 있으니까 엄청난 복을 누리는 거지, 우리 자신이 그들보다 무엇이 나아서 그렇다고 생각해 본 적이 없습니다. 구약의 성도들 정말 훌륭한 신자들 아닙니까? 물론 아브라함은 두 번이나 아내를 팔아먹었으나 저는 절대로 그렇게 안 할 거니까 "아브라함은 나보다 못한 면을 가지고 있다" 그런 생각이 들긴 하고, 다윗도 좀 이상한 면을 가지고 있습니다. 그렇지만 그들이 하나님과 가졌던 그 깊은 관계를 생각해 보시라는 것입니다. 그러나 요셉, 다니엘, 어느 누구도 하나님을 향하여

"나의 아버지여" 그렇게 기도한 적이 없습니다. "나의 아버지여"라는 호칭을 쓴 구약 성도가 한 명도 없습니다. 그래서 괴팅겐의 신약교수였던 요아킴 예레미아스(1900-1979)는 중요한 연구 결과를 공표한 적이 있습니다. 구약성경과 예수님 당시의 유대교 문헌을 전부 조사해 보니 개인이 감히 하나님을 향하여 아빠라고 호칭한 적이 없다는 것입니다. 그런데 복음서를 보면 마가복음 14장 36절에 그 원형이 남아 있습니다. "아빠 아버지여! 아버지께는 모든 것이 가능하오니." 예수님이 겟세마네에서 기도하실 때 기도하신 내용입니다. 사실 공생애 기간 동안 예수님은 입만 여시면, 제자들이나 사람들이 듣는 데에서 "아빠, 나의 아빠, 하늘에 계신 아빠" 이런 표현들을 많이 사용하셨습니다. 우리는 요한복음에서 "나의 아버지"라는 표현을 읽을 때에 그냥 예수님께서 "성부, 나의 아버지"라고 말씀하신 것으로 조금 건조한 느낌으로 읽기 쉽습니다. 그러나 사실 예수님이 사용하신 언어로 하면요, 계속해서 "아빠"Abba를 연발하신 것입니다. 그리고 주기도문도 그렇지 않습니까? 우리에게 기도를 가르쳐 주시면서 "하늘에 계신 우리 아버지여 이름이 거룩히 여김을 받으시오며"라고 시작하셨습니다. 여기도 보세요. "하늘에 계신 우리 아버지여." 예수님은 당시 아람어로 제자들에게 "하늘에 계신 우리 아빠"

라고 부르도록 말씀하셨을 것입니다.

여러분. 다른 각도에서 이것을 생각해 보십시다. 예수님께서 왜 십자가에 못 박혀 죽으셔야 했습니까? 어떤 주일학교 시간에 이런 질문을 했더니 "나는 안 죽였어요"라고 답한 어린이가 있습니다. 그러니까 옆에 있던 선생님이 "재 말은 늘 진실하기 때문에 재 말이 맞을 겁니다. 재가 절대 죽였을 리가 없어요."라고 맞장구를 쳤다고 합니다. 이거 완전히 유머러스하죠? 이상한 코미디 프로도 아니고요, 진짜 그런 사례가 있었는지는 모르겠습니다만 아무튼 생각납니다. 오늘 제가 지금 이야기하는 이 연속선상에서 보신다면요. 왜 돌아가실 수밖에 없었는가? 그 죄목 중에 하나가 신성모독이었는데, 하나님을 보고 맨날 아빠라고 부르시고 주장하신 것도 분명 그런 죄로 여겨졌습니다. 유대인들 입장에서는 "자기가 뭔데 하나님을 보고 아빠냐?" 이거죠. 아기가 육신의 아버지에게 그렇게 친근하게, 허물없이 다가가서 하는 표현을 왜 자기가 하나님께 대하여 쓰냐 이거죠. 나이도 서른이나 먹은 청년이 왜 그러냐 이거죠. 그것만 해도 신성모독으로 여겨질 수밖에 없었습니다. 그래서 어느 날 묵상을 하다 보니까 "아, 예수님은 이 호칭 하나만으로도 유대인들에게 미움받아 죽을 수밖에 없으셨구나" 그렇게 깨달아졌습니다.

물론 우리가 구속사의 관점에서 이야기하면, 3절 말씀대로 예수님은 우리의 죄를 대신하여 정죄를 받으시기 위하여 죽으셨다고 말할 수가 있습니다. 하지만 요한복음 20장 17절에 보면, 부활하시고 난 다음에 막달라 마리아를 만났을 때 "내 아버지 곧 너희 아버지, 내 하나님 곧 너희 하나님께로 올라간다 하라."고 말씀하셨죠? 예수님은 마리아에게 뭐라고 말씀하시느냐면, "내 제자들에게 가서 전해라. 내 아빠 너희들의 아빠, 내 하나님 너희들의 하나님께로 내가 올라간다고 전해다오."라고 하셨습니다. 예수님이 죽으신 이유중 하나는 아빠라는 호칭 사용 때문이라고 할 수도 있다는 것입니다. 우리가 믿는 주님이 돌아가시고, 또 부활하셨을 때에 우리들에게 주신 첫 번째 선물 중의 하나는 바로 자신의 하늘 아빠를 향하여 우리들 모두에게 아빠라고 불러도 된다라고 해주신 것입니다. 그리고 그렇게 할 수 있는 근거를 십자가를 통하여 마련하셨다라고 하는 사실입니다.

그래서 바울은 양자의 영을 받았기 때문에 우리가 그렇게 아빠라고 부르짖을 수 있다라고 하는 것입니다. 정말 우리가 중생한 신자이고, 하나님의 자녀라고 한다면, 어느 순간 우리는 가르침 받아서 그런 것도 아니요, 연습해서 그런 것도 아니고, 하나님을 향하여 개인적으로 기도할 때 하나님을 향하여 '아빠 아버지'라고 부르짖게 된 것입니다. 그래서 어떤 분은 진짜 그 은혜를 깨우쳤을 때, 그 신분을 깨우쳤을 때, "아빠! 아빠!"라고 외치다가 밤새웠다고 합니다. 저같이 언어에 민감한 사람도 감히 하나님을 향하여 아빠 아버지라고 부릅니다. 제가 10대의 나이 때에 교회 선배에게 이끌려서 기도와 말씀의 세계로 들어가게 되었고 어느 순간에 양자의 영이 임하니까 뭐 생각할 것도 없고요, 따질 것도 없고, 뭐 계산할 것도 없고, "아, 하나님이 나의 아버지이시구나" 깨닫게 되고 그래서 아빠 아버지라고 부르짖게 되었습니다. 그리고 지금 이 나이가 되도 혼자 기도할 때에 '아빠 아버지'라고 부르는 것이 전혀 쑥스럽지 않아요. 왜냐하면 어린애가 때가 되어 자기 아버지를 향하여 아빠라고 부르기 시작해서 평생에 그냥 아버지한테 잘못해서 불편하고, 미안하고, 눈물 흘리고, 혼나고 이런 거야 있지만 그렇다고 해서 아빠라고 부르는데 무슨 문제가 있습니까? 이미 관계가 시작이 되었는데 말입니다. 마찬가지로 우리도 그렇다는 거죠.

그런데 불행하게도 오늘날 신자들 가운데는 적지 않은 이들이 하나님을 아버지라고 부르는 것에 회의적이고, 심지어 불평하는 분들이 있습니다. 심지어 신학자들 가운데 주기도문을 새로 번역하면서 "하늘에 계신 우리 하나님" 이렇게 번역하고, 나머지 구절도 '하나님. 하나님, 하나님' 이렇게 하자, 아빠라는 말을 빼자고 주장합니다. 저는 그런 경우를 두고 로마서 8장 15절과 갈라디아서 4장 6절에 있는 말씀 "그 아들의 영을 우리 마음 가운데 보내사 아빠 아버지라 부르게 하셨[다]"는 이 두 말씀에 근거하여 강하게 말할 수가 있습니다. 하나님을 향하여 아빠라고 부르는 것이 불편하고, 하나님을 아빠라고 부르지 말자라고까지 이야기를 하고, 주장을 한다고 한다면, 성령을 받은 적이 없다라고 말입니다. 양자의 영이 임하면 우리의 어떠함과 관계없이 하나님과의 관계에 있어서 아버지와 자녀가 된 것을 확신하게 됩니다. 우리가 원래부터 하나님의 자녀가 아니었고, 마귀의 자녀였다는 걸 분명히 앎에도 불구하고 전혀 낯설지 않고, 쑥스러워 하지 않고 하나님을 향하여 아빠라고 부르면서 다가갈 수 있다라고 하는 사실입니다. 이건 뭐 누가 잘나고 못나고의 문제가 전혀 아니고, 소위 이것은 생득권birthright에 속합니다. 그리스도 안에 우리가 거듭났을 때 즉, 성령으로 거듭났을 때, 우리에게 주어지는 생득권리 중의 하나가 바로 하나님을 보고 아빠라고 부르게 되는 것입니다. 그리고 아빠이시니, 큰 일을 두고 가서 의논할 수도 있는 거고요. 정말 사사로운 일을 가지고도 의논할 수 있는 것입니다. 그냥 뭐 지나가다가 '하나님 아버지' 하면서, 다른 내용 없이도 우리의 사랑과 우리의 마음 가운데 있는 그 상태를 표현할 수 있는 것입니다.

그리스도와 함께한 상속자

그다음 두 번째로 이 아들 혹은 딸, 자녀가 되었다라고 하는 것에 따라오는 또 하나의 중요한 특권이 무엇이냐 하면 우리가 상속자라는 것입니다. 성령께서 우리 가운데 내주하시면서 하나님의 자녀라고 하는 확신도 주시는데, 인도하시거나 증거하신다는 것을 너무 감정적인 차원으로 혹은 체험적인 걸로 이해하시면 안 됩니다. 왜냐하면 로마서 8장은 단 한 구절도, 단 한 마디도 신자를 일등 신자, 이등 신자로 구분하고, 그 가운데 이제 일등 신자에게만 이런 복이 있고, 이등 신자에게는 아니다 그런 것이 없습니다. 모든 신자에게 해당하는 축복에 대한 것들입니다. 그래서 저나 여러분의 지금 느낌이나, 상태가 어떠한가와 관계없이 우리가 정말 신자이고, 그리스도 안에 있는 사람이라고 한다면, 성령은 우리로 말씀 앞에 인도하셔서 우리가 하나님의 자녀라고 하는 증거를 주시고, 또한 우리가 때로는 차오르는 감격 속에 내 하나님을 향하여 아빠라고 부르짖을 수 있게 만드신다는 것입니다. 그리고 또 하나는 17절 상반절 말씀을 보세요. "자녀이면 또한 상속자 곧 하나님의 상속자요 그리스도와 함께 한 상속자니." 바울은 우리가 자녀이면 상속자인 것이고, 그리고 그것은 하나님의 상속자라는 말이라고 알려줍니다. 그리고 이것만 해도 되지만, 우리가 그리스도와 함께 한 상속자라고 부릅니다. 영어로 하면, fellow heirs with Christ 혹은 co-heirs with Christ라고 표현합니다. 그냥 상속자가 아니라 그리스도와 함께 대등한 의미에서의 상속자라는 말입니다.

저나 여러분이 살아 가면서 가족관계 속에서, 형제자매들 간에 좋기만 하지는 않잖아요. 시기와 질투가 그 안에서 역사할 때도 있습니다. 때로는 유산 문제나 부모의 사랑의 크기의 문제 때문에도 형제자매들 간에는 갈등이 있을 수 있습니다. 바깥을 향하여 잘 뭉치지만 자신들 안에서는 때로 싸우기도 하고, 미워하기도 하고, 경우에 따라서는 안 보고 살기도 하는 것이 형제자매간입니다. 시기와 질투가 그 가운데 있기 때문입니다. 부모가 자녀를 사랑하는 만큼 형제자매끼리 사랑할 수는 없습니다. 그런데도 불구하고 그리스도는 우리를 하나님의 자녀가 되게 하시기 위해서 그 근거를 마련해 주시고, 또한 하나님을 향하여 아빠라고 부를 수 있는 양자의 영을 우리에게 공유하셨다는 것이고, 나아가서는 하나님의 상속자라고 하는 신분에 저와 여러분들을 다 초대해 주셨습니다.

그런데 우리는 그 엄청난 하나님의 나라의 부요를 조금씩 누리기만 해도 부족함이 없을 터인데, 그 정도로 말하고 넘어가지 않는다는 것을 주목해야 합니다. 그리스도는 저나 여러분들을 기꺼이 자기 곁에 co-heirs, 대등한 상속자가 되라고 말씀해 주신다는 것입니다. 우리는 무엇을 나눌 때에 '몇 대 몇?' 이런 표현을 씁니다. 네가 몇 퍼센트 가지고, 내가 몇 퍼센트 가지고 그렇게 인간관계는 참 대등하기가 쉽지 않습니다. 그러나 우리가 예수님과 대등한 상속자라고 하는 것은 그리스도가 우리를 위하여 낮아지시고, 우리와 동일한 그런 몸을 입고 우리를 위하여 고난을 당하시기까지 하셨기 때문에, 하나님 나라의 그 부요와 하나님께서 우리들에게 허락하시는 그 모든 은혜의 부요함을 자신과 똑같이 누려도 된다라고 초대를 하시는 것입니다. 그분만이 시기와 질투라는 것을 가지지 않으신다는 것입니다. 히브리서 2장 11절 말씀도 한번 보세요. "거룩하게 하시는 이와 거룩하게 함을 입은 자들이 다 한 근원에서 난지라 그러므로 형제라 부르시기를 부끄러워하지 아니하[신다]." 그리스도가 저와 여러분들을 형제자매라 부르기를 부끄러워하지 않으신다고 말씀합니다. 저는 좀 메

마르고 합리적인 사람이어서 웬만해서는 감동을 잘 못 느낍니다만, 어느 날 이 사실 때문에 심금(心琴)이 울린 적이 있습니다. 살다보면 형제자매들 간에도 우열이 생기고, 어떤 일들로 인하여 서로를 부끄러워하는 때도 생깁니다. "아이고, 저러고도 무슨 형제자매인가? 차라리 모른척해야지." 이런 생각이 들 때도 있다는 말입니다. 그런데 어떻게 하나님의 아들이신 그리스도가 저나 여러분들을 형제 자매라고 부르는 것을 부끄러워하시지 않는가 말입니다. 자신의 하늘 아버지를 향하여 우리 보고도 "자 너희도 아빠라고 불러봐"라고 하시고, 게다가 오늘 17절에 있는대로 우리를 공동 상속자가 되라고 초대까지 해주시고, "자 이제 내가 누리는 것은 너희들도 다 같이 누리자" 그렇게 말씀하실 수가 있는가 말입니다. 물론 이것은 영원하신 하나님의 아들이라는 삼위일체의 제2위격이라는 신격(deity)에 우리가 참여한다는 말이 아닙니다. 그러나 그 외의 하나님이 허락하신 모든 하나님 나라의 은혜와 분복들, 기업들, 유업들, 유산들은 다 누리라는 것입니다. 게다가 그리스도를 닮아가는 일도 허락할 테니 닮은 자가 되어라고 초대해 주십니다.

따라서 이러한 분복을 아는 신자들은 주변에서 무엇이라고 하든지 간에, 내가 하나님께 받은 은혜와 내가 하나님의 자녀인 것과 내가 하나님의 상속자인 것과 그리스도는 나 같은 사람을 부끄러워하지 않으신다고 하는 사실이 변하지 않는다는 것을 알고, 성경이 약속한 쇠하지 않고 영원한 그 기업에 참여하게 하신다는 것을 확신하게 됩니다. 그 가운데 최고의 분복은 바로 그리스도의 성품에 참여하는 것, 혹은 하나님의 형상 회복에 이르는 것입니다. 그리스도는 우리에게 값없이 참여하라고 초대하시고, 그 일을 위해 교회도 주시고, 교회 멤버가 되게 하시고, 목사님들을 통하여서나 성도들과의 관계 속에서 훈련받게 하시고, 또 성령을 우리 가운데 부어주시기까지 하시는데 왜 우리가 성화가 안 될까요? 여러분에게 성화가 안 된다고 나무라는 게 아니라 성화가 안 되는 게 아니고, 성화가 될 수밖에 없는 축복의 길에 저와 여러분이 다 서 있다는 것입니다. 다만 우리가 좋은 마음밭이 되어서 말씀만으로 가느냐, 아니면 24시간 정말 쉴 틈 없이 우리를 향하여 다가오는 연장과 같이 작동하는 나쁜 환경에 의하여 마지못해 바뀌느냐의 차이가 있을 뿐이죠. 우리는 갈 길이 뻔한 인생입니다. 우리에게 주어진 기업, 유산이 많은 어떤 외적인 그런 것들도 있지만 그러나 무엇보다도 우리가 하나님의 가정에 속한 자로서 가족 유사성similarity of family을 가지게 되는 것입니다. 우리가 친구들 가정을 보아도, 부모님을 만나보면, 얼굴이 거의 같은 가족들이 많습니다. 부자간에, 모자간에 그렇지 않습니까? 둘이 하는 행동도 그렇고, 말투도 그렇고, 생각도 그런 경우들이 있습니다. 마찬가지로 우리를 바라볼 때에 불신자들이 "너희 하나님이 어디에 있느냐? 보여 달라"고 하는 이야기를 아직도 듣고 있다면요, 마음으로 그것을 아프게 느끼셔야 합니다. 사람들이 우리를 볼 때에 "예수 믿는다고 하는 것이 무엇인지를 너를 보니 알겠다, 하나님이 보이지 않지만 하나님을 아빠라고 부르는 자녀가 된 것이 어떠한 것인지 너를 보니까 알겠다" 그런 말을 들을 수 있어야 할 것입니다.

한 유대인 랍비에게 하드리아누스 황제(76-138)가 "너희들의 보이지 않는다는 하나님이 어디 있는거냐?"고 물었습니다. 랍비는 황제를 데리고 밖으로 나가서 태양을 보라고 말했습니다. 당연이 눈이 부셔서 태양을 쳐다 보고 있을 수가 없었겠죠. 그러자 랍비가 "그분의 피조물인 태양도 오래 쳐다보지 못하는 인생인데, 어떻게 태양을 만드신 분을 보여 달라고 하십니까?"라고 말했다고 합니다. 이것이 사실 논리적이고 합리적으로는 그럴듯한데, 제가 지금 이야기한 대로 한다면요, 사실은 서글프고 빈약한 것입니다. 우리를 바라볼 때에 "하나님이 어디 계시냐? 너의 믿는 하나님이 어떤 분이냐?

있냐 없냐? 어떤 종류의 신이냐?" 이러한 질문들을 사실 듣고 있는 것은 가슴 아픈 일입니다. 주변에 있는 사람들이 긴 세월 우리를 지켜보다가 어느 날에는 "야, 정말 나는 신을 안 믿지만 네가 믿는 하나님이라는 분이 어떤 분인지 조금씩 느껴진다."는 말을 들어야 합니다. 물론 때로는 논증도 필요하고, 설명도 필요합니다. 하지만 그렇게 해도 심지어 말싸움까지 해서 이긴다고 해서 불신자가 교회에 오는 것도 아닙니다. 그것이 아니라 우리가 우리 하나님을 닮아감을 통하여 하나님이 어떤 분이시고, 그리스도가 어떤 분이신지를 알고, 우리의 삶도 변화하도록 부르셨습니다. 그리스도께서 십자가에서 나를 대속하시고, 나를 자녀 삼으시고, 그리고 "나를 닮은 자가 되도록 여기까지 오라" 이렇게 초대하셨는데 안 될 일이 있는가? 이것은 전혀 강박적인 문제가 아닙니다. 우리가 누구인가에 대한 신분 의식의 문제입니다. 이게 효과가 느린 것 같아도요, 결국은 가장 안전한 우리의 삶의 변화의 근거입니다. 우리가 어떤 한 가정에 입양이 되었는데, 어마무시한 것을 가지고 있는 축복의 보고를 가진 집안이라고 한다면, 누리게 되겠죠. 그러면서 그 가정의 이름도 가지고, 가족이라는 이름도 가지고, 또 가족을 닮았다는 것도 우리가 이제 이루어야 하고요, 가풍도 배워가야 하는 겁니다. 우리가 하나님의 자녀가 되었다면 이치가 동일한 것입니다.

게다가 17-18절의 말씀에 보면요. 또 한 가지 정말 우리가 하나님의 자녀요 상속자라고 한다면, 떨쳐버릴 수 없는 아주 중요한 사실이 더 있습니다. 그것은 가족끼리 동고동락(同苦同樂)하는 것입니다. 17절 하반절에 이렇게 말씀하시잖아요. “우리가 그와 함께 영광을 받기 위하여 고난도 함께 받아야 할 것이니라.” 우리가 이 땅 위에 살아가면서 가족 관계 속에서는 동고동락이 무엇인지를 경험적으로 잘 알고들 있습니다. 자녀를 위해서 그렇게 하고 가족들을 위해서 우리가 수고도 하고 고난도 받습니다. 그리고 함께 영광을 누리고, 함께 기뻐하는 때도 있습니다. 신자가 하나님의 자녀이고, 상속자라고 한다면, 신자도 하나님과 그리스도와 함께 우리가 영광을 받을 그 미래의 축복을 바라본다면, 현재에는 신자로서 받는 고난, 단지 뭐 채찍질당하고 박해당하고, 죽고 이런 차원만 아니고요. 오늘날 이 땅 위에 살아가는 데는요, 매일 같이 우리가 하나님 말씀 때문에 나 자신을 죽이고 몸의 행실을 죽이는 일이나 내 자존심을 꺾어야 하고 하나님 앞에서 눈물과 땀을 흘리는 이 일을 해야 할 때가 있습니다. 그럼에도 불구하고 오늘 말씀하시는 대로 노 크로스 노 크라운no cross, no crown, 십자가가 없다면 우리가 장차 쓸 면류관도 없다는 사실을 생각하면, 이 현재의 십자가를 지고 걸어갈 수 있는 이것이 하나님의 자녀요, 상속자 된 자로서 우리가 잊지 않고 따라가야 할 삶의 원리 중의 하나입니다. 그리고 18절 말씀은 이렇게 되어 있습니다. "생각하건대", "그러니까 생각을 해보고 판단을 해보면", "현재의 고난은 장차 우리에게 나타날 영광과 비교할 수 없도다."는 것입니다. 고린도후서 4장 17절에는 "우리가 잠시 받는 환난의 경한 것이 지극히 크고 영원한 영광의 중한 것을 우리에게 이루게 함이[라]."고 말씀합니다. 현재 우리가 당하는 고난이나 잠시 받는 환난은 경하다고, 가볍다라고 이야기합니다. 장치 이루어질 영원한 영광은 지극히 크고 무겁다고 이야기를 합니다. 저나 여러분들이 어떤 삶 속에 있느냐에 따라서 17절 하반절과 18절 말씀은 위로일 수도 있고, 그냥 쓴맛을 느끼게 하는 말씀일 수도 있습니다.

예전에 목회할 때에 겪은 일입니다. 한 번은 중직자를 세워야 하는 중차대한 시기였는데 교회의 주요한 분들이 들고 일어나서 전혀 신앙의 본이 되지 않는 분을 세워야 한다라고 주장을 했습니다. 저는 말씀의 기준에 따라 장로는 이렇게 세우고, 권사는 이래야 하고, 집사는 이래야 하고, 여기에 꼭 맞는 사람은 없지만 그래도 우리 가운데 최대한 기준에 맞는 분을 세워야 합니다 그렇게 설교를 했습니다. 그런데도요. 그런 설교만으로도 한 분이 찾아와서는 저보고 "목사님, 선거 운동 하셨습니다."라고 공격하는 분이 있었습니다. 그렇게 설교하면 자신들이 세우고 싶은 사람은 자격이 안되는게 뻔하니 뽑을 수 없게 되기 때문이라는 것입니다. 그래서 몇 일간 밤잠을 제대로 못 자고 전전반측으로 보내야 하는 힘든 시간들을 한참 보낸 적이 있습니다. 그런데 제가 당시에 유학을 중단하고 돌아왔다가 담임 목회 중에 다시금 총신에서 학업을 다시 재개해서 서울을 오르내리고 있을 때입니다. 그래서 매주 월요일이면, 대구에서 서울 사당동으로 올라오는데, 잠도 제대로 못자서 피곤하고, 지치고, 곤고했습니다. "내가 왜 이러지? 내가 뭐 나를 위해서 이런 게 아니고, 교회를 개혁하고, 말씀에 따라 바른 일꾼을 세워야 그다음에 다음 세대가 믿음 안에 든든히 서가는 문제인데, 이게 나 좋자고 하는 이야기냐?" 그러면서 지쳐가지고 수업 시간에 눈 감고 앉아 있었어요. 그런데 이제 저의 지도교수님 수업 시간인데, 교수님도 1980년대에 미국 유학을 하면서 정말 고생 많이 하면서 도와주는 사람도 없어가지고 청소하고, 세탁소 일하고, 오만가지 일하면서 또 여러 가지 어려움 속에서 결국 공부 다 마치고 들어오셔서 총신 교수하셨고, 총장 대행까지 하시고 은퇴하셨거든요(김길성 교수님을 말한다). 그런데 아직 그 당시는 현직에 가르치실 때였는데, 늘 좋아하신 말씀이 로마서 8장 18절 말씀이었어요. "생각하건대 현재의 고난은 장차 우리에게 나타날 영광과 비교할 수 없도다." 그날도 9시 첫 강의 시작하시기 전에 이 말씀을 그냥 읽어 주셨어요. 그런데 피곤해서 눈을 감고 앉아 있는 제 영혼 속에 이 말씀이 마치 비가 내려 흙에 스며들어 가듯이 스며 들어오는 것을 느끼게 되었습니다. 그리고 가슴이 뭉클해졌습니다. "그래. 내가 지금 당하고 있는 현재 이 고난, 밤 잠 못 자고 피를 말리는 이 상황이지만 교회를 위하여 이 상황이지만, 장차 나타날 영광과 비교할 수 없다." 그런 생각이 든 것입니다. 물론 어떤 미래의 영광이 있을지 저는 그 당시에 아무것도 몰랐습니다. 현재가 너무나 힘들어가지고 숨도 쉬기 힘든데, 이 뻔한 말씀이 가슴을 파고 들어온 거예요. 그래서 얼마나 위로가 되었는지 3년 뒤에 제가 대구의 목회지로 옮겨 목회하고 있던 상황에서 박사논문을 끝내고, 박사 논문 감사의 글에다가 이 구절을 헬라어 원문으로 딱 써놓고, 밑에다가 지도교수님께 감사하는 글을 쓰면서 "교회 개혁 때문에 밤 잠 못 자고 힘들어하고 있던 그 어느 날, 교수님이 읽어 주신 로마서 8장 18절 이 한 절의 말씀이 내 영혼에 스며들어와 깊은 위로가 되었습니다."고 밝혔습니다.

어쨌든 학생들은 학생들로서 장래의 영광 혹은 성공을 바라보고, 학업의 성취를 바라보고, 혹은 부모라면 자식이 장차 어떻게 되어질 그 미래의 아름다운 꿈을 꾸면서 현재의 고난을 즐거이 감당하는 것이 다반사입니다. 하물며 우리가 신앙생활에 있어서도 하나님의 자녀이고 상속자라고 한다면 우리가 현재 고난을 당하거나 어려움을 당할 수 있습니다. "왜 나만 이렇게 살아야 하고, 견뎌야 하고, 눈물 흘려야 하고. 수많은 경우에 왜 나만 교회에서 땀을 흘려야 하는가?" 그런 생각이 들 수 있습니다. 교회마다 꼭 보면, 일하는 사람은 소수예요. 어느 교회나 10퍼센트가 일을 합니다. 그래서 그런 분들은 때로 지쳐서 그런 불만이 들기도 합니다. 그러나 하나님을 바라보십시오. 여러분의 그 고난은 장차 누리게 될 영광에 비하면 작다는 것을 알게 될 날이 옵니다. 그리고 "내가 잘 참았고. 잘 견뎠다"고 고백하게 될 것입니다. 우리 학생들도 3년이나 6년 정말 그 놀고 싶고 게임하고 싶은 그런 유혹들이 있겠지만, 다 물리치고 열심히 그와 같이 공부에 전념하여 자신이 원하는 대학을 가고 자신이 원하는 인생의 길을 가게 되었을 때에 뒤돌아보면서 자신이 게임 못한 세월에 대하여 후회하겠습니까? 그렇지 않을 것입니다.

피조물의 고대하는 바(19-22절)

여러분, 이제 오늘 19절에서 22절에 있는 말씀을 살펴 보도록 하겠습니다.

> 피조물이 고대하는 바는 하나님의 아들들이 나타나는 것이니 피조물이 허무한 데 굴복하는 것은 자기 뜻이 아니요 오직 굴복하게 하시는 이로 말미암음이라 그 바라는 것은 피조물도 썩어짐의 종 노릇 한 데서 해방되어 하나님의 자녀들의 영광의 자유에 이르는 것이니라 피조물이 다 이제까지 함께 탄식하며 함께 고통을 겪고 있는 것을 우리가 아느니라

읽은 부분에 보시면 피조물이라는 단어가 네 번이나 나옵니다. 왜 갑자기 바울은 피조물을 이야기할까요? 피조물이란 인간을 제외하고 하나님이 창조하신 모든 무생물 혹은 식물, 동물 등 이 창조의 세계 전체를 말하는 것입니다. 그런데 바울은 마치 피조물이 사람인 것처럼 의인화(擬人化)하여 표현을 하고 있습니다. 마치 그들이 사람인 것처럼 표현한 것입니다. 바울은 피조물이 고대한다고 말하는데, 한글로는 단어 하나이지만, 헬라어로는 동사 하나와 명사 하나가 쓰였습니다.

다른 말로 바꾸면 학수고대(鶴首苦待)한다와 같이 강한 표현을 바울이 쓰고 있는 것입니다. 밖을 향해 목을 쭉 빼고 자기가 목적하는 어떤 대상을 간절히 집중해서 인내하면서 기다리고 있는 그와 같은 간절한 열망의 자세를 사도 바울은 표현하고 있습니다. 그러면 피조물이 그만큼 고대하는데 무엇을 고대하는 것일까요? 바울은 "하나님의 아들들이 나타나는 것"이라고 말합니다. 이 하나님의 아들들이 누구겠습니까? 앞서 본 대로 하나님의 자녀들이에요. 그러면 하나님의 자녀들이 나타난다라고 하는 게 도대체 무슨 뜻입니까? 21절 말씀에 보면, 하나님의 자녀들이 어디에 이르는 것을 고대한다고 하느냐 하면 바로 그들이 영광의 자유에 이르는 것입니다. 피조물은 지금 자기에 대하여 어떤 일이 이루어질 것에 대한 기대를 표현한 게 아닙니다. 갑자기 피조물이 왜 등장했느냐가 아니라, 그 피조물을 등장시키면서 역시 또 무엇에 대하여 우리에게 주목하게 하냐 하면, 하나님의 자녀들의 미래의 영광 혹은 미래에 완성될 구원에 대하여 피조물이 고대하고 있다는 것입니다.

그리고 피조물의 현재 상태에 대해서는 두 가지 용어를 썼습니다. 피조물은 허무한 데 굴복하고 있습니다. 두 번째는 썩어짐에 종노릇하고 있습니다. 우리가 이 자연세계 혹은 우리가 아름답다라고 이야기하기도 하지만 이 자연세계는 타락 이후 인간의 죄 때문에 허무함에 굴복하고 있고요, 또한 엔트로피entropy 법칙이라는 것이 표현하는 대로 썩어짐에 종노릇하고 있습니다. 그래서 자연은 아름답고 질서잡힌 코스모스kosmos일 뿐 아니라 또 다른 관점에서 보면 정말 살벌한 생존경쟁의 싸움터입니다. 그리고 순수하고 아름답기만 한 자연은 없습니다. 모든 것이 썩어짐과 허무함에 종속되어 있습니다. 그러나 그렇게 된 것은 자기들 죄때문이 아닙니다. 그렇게 되라고 명하신 분 때문에 현재 상태가 이렇게 되었다고 말씀합니다. 그렇게 하신 분이 누구입니까? 창세기 3장에 있는 대로 인간이 죄를 짓고 난 다음에 환경, 자연, 우주 만물에 대한 하나님의 저주가 임했기 때문에 그들도 어쩔 수 없이 그 상태에 있는 것입니다. 하지만 이 피조물도 결국은 미래의 어느 날에 대하여 간절한 지금 기대를 가지고 있습니다. 그것이 바로 하나님의 자녀들, 하나님의 아들들이 영광의 자유에 이르는 그 날입니다. 그리고 22절에 말하는 것처럼, 피조물도 그 첫 번째 저주받아 허무함과 또한 썩어짐에 종노릇 하는 순간부터 시작해서 그리고 이제까지 무엇을 하고 있다고 표현하는가 하면, 함께 탄식하며, 함께 고통을 겪고 있다고 표현합니다. 바울은 이렇게 의인화 시켜서 표현하고 있습니다. 우리가 동물의 세계를 본다면 탄식은 없지만 고통을 당한다라고 하는 것은 알 수가 있습니다. 여러분이 개를 키우거나 고양이를 키우거나, 혹은 동물들을 관찰해 보시면, 그것들은 불안해 한다든지, 고통을 당한다든지 하는 사실 말입니다.

그러면 인간이 아닌 다른 피조물들은 왜 하나님의 자녀들의 영광이 나타나는 것을 사모하고 있을까요? 우리들이 누리게 될 장래의 영광이 피조물과 도대체 무슨 관계가 있습니까? 저는 가을학기에 종말론을 주로 가르치곤 합니다. 여기서 중요한 종말론적인 진리를 하나 강조하려고 합니다. 그게 무엇인가하면, 결국은 인간의 타락 때문에 허무와 썩어짐의 종노릇하고 있는 이 피조세계가 장차 구원의 영광에 참여하게 될 날이 올 것이라고 하는 겁니다. 피조물이 구원받는다는 표현을 우리가 쓰기는 어려워요. 그러나 예수님께서도 마태복음 19장 28절에 "세상이 새롭게 되어 인자가 자기 영광의 보좌에 앉을 때에"라는 말을 쓰셨구요. 에베소서 1장 10절에 보시면 바울은 "하늘에 있는 것이나 땅에 있는 것이 다 그리스도 안에서 통일되게 하려 하심이라."라고 말씀합니다. 헬라어로 정확하게 번역한다면요, 통일되게 앞에 다시라는 말이 들어가야 합니다. 그냥 통일이 아니고 다시 통일되게(재통일되게) 하려 하심이라는 것입니다. 결국 무엇을 가리키느냐,

우리 인간만의 구원의 문제가 아니라 저나, 여러분들을 둘러싸고 있는 이 자연환경 온 우주 만물도 하나님이 장차 어느 날이 되면, 없애버리거나, 불태워 사라지게 하는 것이 아니고, 새롭게 하신다는 것입니다. 전자는 세계파괴설annihilationism이라고 하는데, 우리나라에는 세대주의 영향이 워낙 크다 보니까 여러분들 가운데 그런 생각들을 하는 분들이 있을 것입니다. 그러나 성경적이고 개혁주의적인 입장은 만물갱신설입니다. 하나님께서 창조하신 인간을 구속하시되, 몸과 영혼 전인을 구속하십니다. 물론 택함 받은 자들만이라는 한계를 가집니다. 그러나 만물에 대하여서는 성경은 약속합니다. 새 하늘과 새 땅을 우리에게 주시는데, 첫 창조가 없어지는 게 아니고요, 그 첫 창조를 완전히 질적으로 새롭게 하시고, 갱신하게 하신다는 것입니다. 이것이 우리 개혁주의 입장입니다.

22절에 있는 이 피조물의 경우에도 함께 탄식하고 고통을 한다고 하는데, 고통이라고 번역되어 있지만 바울이 쓴 헬라어 단어 오딘odin의 뜻은 산통(産痛)birthpang을 의미합니다. 임산부들이 왜 산통을 감내합니까? 결국은 아이를 낳는 그 기쁨을 위하여서 그 어마무시한 고통을 겪어야 합니다. 남편이 옆에 있다가는 산모의 손아귀에 머리카락이 잡혀서 고초를 치루기도 합니다. 그런데도 산모는 그 산통을 참아냅니다. 그런 고통을 통하여 자녀를 얻게 되기 때문입니다. 그런데 바울은 지금 피조물이 바로 그런 산통을 겪고 있다는 표현을 쓴 것입니다. 왜냐하면 주님이 재림하시고 난 다음에 우리 믿는 자들이 부활체를 입고, 하나님의 자녀와 상속자의 영광을 제대로 누리게 된다고 하는 미래만 있는 것이 아니라, 그날에 이 고통하고 있고 허무함과 썩어짐의 종 노릇하던 만물들도 하나님의 은혜에 의하여 드디어 만물갱신의 때를 경험하게 되기 때문이라는 것입니다. 그래시 우리의 구원관은 귀도 드 브레Guido de Bres(1522-1567)가 1561년 『벨직 신앙고백서』*Belgic Confession* 37장에서 표현하는 대로 토탈 리뎀션total redemption 즉, 총체적인 구속입니다. 그렇지 않다면 바울은 19-22절에서 피조물을 두고 이렇게 표현하지 않았을 것입니다. 세계파피설을 따른다면 이 본문을 두고 "너네들하고 무슨 상관이 있는데 너네들이 고통하고, 그날을 기다리냐?" 그렇게 이야기하는 꼴이 됩니다. 그러나 바울도 예수님도 그리고 요한계시록 21장에도 보면 그렇지가 않습니다. 물론 우리가 새 하늘과 새 땅이 얼마만큼 영광스러울까는 그때가 되어보아야 알게 될 것입니다. 우리의 부활체도 마찬가지 아닙니까? 어떤 분들은 부활할 때에 한 20세 정도 나이쯤 되지 않겠느냐고 생각합니다. 그러나 부활체는 그 정도의 수준이 아닙니다. 제가 눈이 너무 나쁘다 보니까 두꺼운 안경을 끼게 되고 눈이 작아 보입니다. 사역하는 교회마다 권사님들이 병원에 가서 쌍꺼풀 수술하자고 진지하게 제안을 했습니다. 그러면 눈이 커진다고. 그러면서 자기들이 비용을 대겠대요. 그러나 저는 조금도 망설임이 없이 "필요 없습니다. 제가 눈이 작아가지고 힘든 게 아니고. 안경 끼고도 잘 안 보여서 힘든 거지. 눈 작은 게 뭔 문제인데요? 그리고 내가 부활의 날에 이 눈 가지고 있을 줄 압니까? 내가 왕눈이가 될 건데, 뭘 수술을 합니까?" 그렇게 대답했습니다. 이것은 그냥 우스갯소리로 이야기하는 게 아니고요. 진짜 저는 진지합니다. 우리 부활체가 어떻게 될는지 저나, 여러분은 모릅니다. 그저 가장 화려하고, 젊고, 건강하고, 멋진 모습을 상상하실 필요 없습니다. 그것보다 비교할 수 없을 만큼 영광스럽고, 강하고, 그리고 신령한 몸이라고 바울은 고린도전서 15장에서 이야기하고 있습니다. 그리고 저와 여러분들이 부활체의 영광을 상상할 수 없는 것처럼 새 하늘과 새 땅도 얼마나 영링스럽게 변화될 것인지를 그때가 되보아야 제대로 알게 될 것입니다.

성령의 처음 익은 열매를 받은 우리도(23-25절)

이제 23-25절에 있는 말씀을 살펴보도록 합시다. 23절 말씀을 먼저 봅시다. "그뿐 아니라 또한 우리 곧 성령의 처음 익은 열매를 받은 우리까지도" 여기서 "그뿐 아니라"는 단어는 무엇과 연결된 말일까요? 앞에 있는 넉 절에서 피조물이 함께 탄식하고, 고통하고 있는 상황과 연결해서 "우리도 성령의 처음 익은 열매를 받았지만" 즉, 우리가 그리스도의 십자가에 근거한 구원의 은혜를 이미 누리고 있고 맛보고 있지만이라는 말입니다. 우리가 예수 믿는다고 하는 것이 불교처럼 어떤 성불하거나 스스로 무엇을 이루려고 믿는 게 아니에요. 우리가 성령으로 거듭난 것부터가 초자연적인 사건이고, 하나님을 향하여 아빠라고 부르는 것 자체가 이미 초자연적인 기적입니다. 게다가 기도의 응답도 누리고, 우리가 신령한 세계를 누립니다. 로마서 14장 17절에 말씀하는 대로 하나님의 나라가 의와 기쁨과 평강으로 우리 가운데 임하는 것을 경험하고 살아갑니다. 이는 세상이 줄 수 없고, 빼앗아 갈 수 없는 평강과 만족을 누리고 삽니다. 우리가 다 그런 것도 아니고 늘 그런 것도 아니지만 그러나 때로 우리가 살다 보면, 스스로 생각해도 "내가 왜 이렇게 힘들고 어려운 조건 속에서도 기쁠

수 있을까? 내 마음은 왜 미래가 걱정이 되지 않을까?"라고 감탄할 때가 있습니다. 늘 그러면 좋은데, 그러나 적어도 그런 때가 있지 않습니까? 그것이 성령의 첫 열매를 맛보고 있다라고 하는 것입니다. 이와 같이 우리는 이미 천국을 맛보고 있는 자들입니다.

저는 교단 헌법에 따라 만 서른의 나이에 목사가 되고, 30대 초반에 담임목사가 되었습니다. 그 젊은 나이에 지옥과 천국을 이야기하고 담임목사로 사역하면서 교회 개혁을 이야기하고 그러니까 나이 드신 성도님들 중에는 더러 "저 젊은 목사가 머리에 지식은 있지만 천국이 뭔지, 영적 세계가 무엇인지 자기가 뭐 아냐?" 그랬을는지도 몰라요. 그러나 저는 조금도 그런 비난에 기죽지 않습니다. 나이와 관계없이 하나님의 자녀 된 자들에게 임한 천국의 맛보기가 있고, 영생이 이미 우리들 가운데 시작이 되어 있는데, 그렇게 위협하는 상황들 속에서도 하나님을 바라보고, 신음하면서 도망가지 않고 있는데, 그것만한 증거가 어디 있습니까? 그래서 "천국은 가봐야 아는 것이지, 가보지 않고 어떻게 아냐?"라고 하는 이 말은 맞는 말 같기도 하지만, 영적으로 보자면 틀린 말입니다. 저나 여러분이 신자라고 한다면, 소위 성경에서 말해지는 그 하나님의 나라, 천국, 혹은 영생이라고 말하든지 혹은 오늘 말씀의 표현으로 하자면 성령의 첫 열매를 맛보는 자들이라고 하든 우리는 천국에서 누리게 될 그 추수의 완성에 해당하는 것의 첫 열매를 즉, 동질의 영광을 이 땅 위에서 맛을 보고 있는 자들입니다. 맛을 보고 좋으면 어떤 일이 벌어집니까? 그것을 더 누리고 싶고, 그것이 완성되는 것에 대한 고대하는 마음이 생깁니다. 자녀들이 공부를 잘하게 하는 비결은 간단합니다. 공부하는 것이 즐겁게 만들어 주면 하지 말라고 해도 합니다. 천국도 그렇습니다. 천국의 맛을 보면 천국에 가고 싶어집니다. 왜냐하면 이미 맛을 보았고, 이것의 완성을 향하여 나아가고 있기 때문입니다.

그럼에도 불구하고 오늘 23절 말씀에 의하면, 현재에 우리가 완전한 승리나 완성을 누리고 있는 것이 아니고, 그냥 맛보기하고 있다는 것입니다. 여전히 여기에 있는 저나, 여러분들도 탄식을 합니다. 피조물만 탄식을 하는 게 아니라 우리들도 탄식하고 있습니다. 때로는 우리의 연약함 때문에 탄식하기도 하지만, 또 때로는 신자지만 우리의 이 연약하고 병들기 쉬운 몸, 또 노쇠해가는 이 몸 때문에도 우리는 탄식을 합니다. 그리고 우리가 신앙하고, 소망하고 기도하고 하나님 앞에 약속한 만큼 살 수 없는 우리 자신의 영적인 연약함에 대하여 탄식을 하게 됩니다. 그리고 아무리 좋은 조건에 있더라도 우리가 이 썩어질 몸을 입고 살아가는 지상의 생애 속에서는 완성이 없습니다. 그러니 그 완성을 향하여 탄식하며 우리도 기다린다라고 번역했지만 이것도 고대라고 하는 그 단어와 똑같습니다. 우리들이 양자 될 것, 우리 몸의 속량 혹은 우리 몸의 구속을 기다리고 있습니다. 결국은 고린도전서 15장 42-44절에 나온 말씀과 같이 신령한 몸, 강한 몸, 영광스러운 몸, 썩지 아니할 몸을 입게 되는 부활의 그날을 소망하고 탄식하고 기다릴 수밖에 없는 인생들이라고 하는 사실입니다.

정리하면, 그래서 우리 신자들의 실존이 어떤 거냐, 한편으로는 이미 우리 가운데 자녀요 상속자라고 하는 그 영광이 현재의 신분이고, 또 그것에 해당하는 실제적인 축복들을 이미 맛보고 있습니다. 성령이 그렇게 우리에게 전달해 주시고, 우리로 누리게 하십니다. 그래서 때로는 우리는 희열로 가슴 벅차서 하나님의 은혜에 대하여 감격하고, 노래하고, 밤새 기도도 할 때도 있을 수 있습니다. 또 원수를 사랑할 수 있을 때도 있습니다. 그럼에도 불구하고 이 땅 위에 살아가는 동안 또 다른 면은 뭐냐하면 아직 완성을 누리는 것은 아니라는 것입니다. 따라서 우리에게 탄식이 있을 수밖에 없습니다. 자기의 부족함 때문에도 탄식하지만 우리가 아직은 완성을 누릴 수 없기 때문에, 우리는 탄식할 수밖에 없습니다. 그래서 우리들도 역시나 신앙생활하면 할수록 "나는 괜찮고, 나는 부족함이 없고, 나는 뭐 만족하고, 나는 이미 다 누린다."라고 말할 수 있는 거짓된 승리주의만큼 위험한 게 없습니다. 오히려 웃기도 하지만 돌아서 울 수밖에 없고, 우리가 희열에 찰 수도 있지만 돌아서서 가슴 아파하면서 하나님 앞에 울부짖으면서 기도할 수밖에 없는 이런 역설적인 실존을 가진 자들이 우리 신자의 현존재입니다.

그래서 오늘 24-25절에는 이렇게 이야기합니다. 우리가 소망으로 구원을 얻었으므로, 소망은 보이면 소망이 아닙니다. 우리에게 완성이라고 하는 몸의 속량의 날, 만물도 갱신되어 새 하늘과 새 땅이 나타나는 날, 부활의 날, 결국 그리스도의 재림의 날은 아직 우리에게 오지 않았습니다. 오히려 우리가 어떻게 해야 하는가? 25절 말씀 마지막 절 다 같이 한번 읽어보겠습니다. "만일 우리가 보지 못하는 것을 바라면 참음으로 기다릴지니라." 그렇습니다. 우리들에게 남아 있는 이 결론적인 적용은, 우리가 소망으로 구원을 얻기 때문에 완성에 대해 소망할 수밖에 없다는 것입니다. 그러나 우리들에게 분명하게 이루어질 하나님의 약속이 있고, 그리고 그것의 맛보기를 이미 여기에서 하고 있기 때문에 우리가 때로는 헷갈릴 수 있지만, 그렇다고 해서 우리가 영 잘못 믿고 속았다라고 그렇게 후회할 길에 서 있는 것은 전혀 아니니까 걱정할 필요가 없어요. 그래서 바울은 오늘 결론적으로 우리에게 권면합니다. 만일 우리가 보지 못하는 것을 바라고 학수고대한다면, 이 말세지말(末世之末)에 시험이 많고, 무엇보다도 옛날 분들에 비하여 인내심이 떨어지는 이런 조급증의 시대, 신속 클릭의 시대에 사는 우리들에게 더욱더 필요한 것은 "참음으로 기다릴지니라."입니다. 말세의 성도에게는 참고 기다리는 인내심이 필요합니다. 그리고 우리는 그날이 마치 안 올 것처럼 느껴지는 이런 위험하고 해이한 시대에 살아가면서 주의를 해야 합니다. 그 날은 불시에 임할 것이고 오늘 저녁이나 내일에도 임할 수가 있다고 하는 사실입니다.

우리나라가 36년간 일제 강점기를 거치는 동안 적어도 1938년까지 한국교회도 신사참배 안 하고, 자존심을 지켰습니다. 또 독립운동도 했습니다. 그런데도 불구하고 환난의 바람이 강하게 불어왔을 때에, 특히 대동아전쟁을 하면서 일본의 세력이 결국 끝나지 않을 것처럼 보이고 이러니까 이게 막 무너지잖아요. 소수를 제외하고는 친일파가 되어 부역하고, 순응하여 신사참배하고, 장로교 총회도 1938년에 결정해 버리게 됩니다. 나중에 배신자들에게 "왜 그렇게 배신했냐?" 고 물었더니, "아니. 우리나라가 이렇게 독립될 줄 우리가 어떻게 알았냐?" 그렇게 대답하기도 했습니다. 그런데 사실은 안이숙 여사(1908-1997)가 기도한 대로 그 시간은 딱 7년이었습니다. 7년의 세월을 안이숙 여사 같이 결혼하지 않은 여자분도 믿음으로 결국은 이겼을 때, 살아 있는 순교자가 되었지 않습니까? 오늘 저와 여러분들에게는 그보다도 짧을지도 모릅니다. 저는 시한부 종말론자는 전혀 아닙니다. 다만 "이게 언제까지 갈 것이냐, 언제까지 내가 탄식하고, 언제까지 웃다가 울다가 탄식하다가 기뻐하다가 이상한 이런 삶을 살아야 하느냐?"라고 하는 생각이 드실 때에 "참음으로 기다릴지니라"는 말씀을 상기하셔야 합니다. 끝까지 견디는 자가 구원을 얻을 것이라는 말씀이나 "우리에게 인내가 필요함은 때가 되어서 우리가 약속하신 바를 얻기 위함이라"는 히브리서 10장 36절에 있는 말씀과 같이 오늘 저와 여러분이 우리의 신앙 때문에 겪는 지금의 어려움이 장차 받을 영광에 비하면 크지 않는 것처럼 우리가 긴 시간이라고 생각했던 이 기다림과 인내의 시간이 지나고 보면 굉장히 짧고, 또 그리고 잘 참았구나하고 하나님 앞에 감사할 수 있는 때가 올 겁니다. 주변에 있는 사람들이 어떻게 하느냐를 보지 마시고, 여러분 각자이 말씀대로 실천하시기를 바랍니다. 저도 가끔 저 자신을 이렇게 다독거립니다. "너 하나가 말씀에 있는 그대로 믿고 소망하고 살아감으로 남들이 볼 때에 뭐 바보라고 하든 말든 간에 너 하나라도 변질되지 않고, 참고 견디고 인내하고. 이 길을 그냥 걸어가라." 저는 저 자신을 향하여 때때로 그렇게 설득을 합니다. 여러분의 목회자들이 그렇게 살고 있는 걸로 압니다. 주님 안에 소망을 두고 이 시대의 대세를 따라가지 않으니까 이런 사경회도 하는 것 아니겠습니까? 여러분, 많은 교회들이 부흥회한다고 하지만 무슨 개그 콘서트도 아니고, 종교적인 용어로 그냥 뭐 광란의 집회를 하고, 강사가 '불 받으라' 그러고, 자기가 무슨 성령을 주는 자인지 왜 불 받으라고 막 그러고, '성령 세례 받으라' 그러고 하여튼 희한한 집회들이 서울에 난무합니다. 우리가 변질되지 않는 것이 중요하고, 다른 교회 어떻게 하느냐 생각하지 마세요. 다른 교회 가면 뭐가 있더라, 그런 거 신경 쓰지 말고, 우리 개인도 마찬가지입니다. 남이 어떻게 하느냐 신경 쓰지 말고요. 오늘 말씀과 같이 만일 우리가 보지 못하는 것을 바라고, 정말 그리스도의 재림과 몸의 부활, 만물 갱신 등을 바라보고 있다면, 그때 이루어질 영광의 중한 것을 학수고대하고 있다면, 현재 우리는 인내하고, 참고, 기다리는 해바라기가 아니라 주바라기가 되어지는 성도의 삶이 되시기를 축원합니다.

우리 같이 "나는 믿네" 같이 부르고 마치겠습니다. 이 가사들이 저와 여러분에게 실존의 상황 속에서 정말 우리에게 진정한 위로가 무엇이고, 무엇을 믿어야 하는지 우리의 현실을 선명하게 보게 하는 그와 같은 내용들이 담겨 있는 것 같습니다.

내게 허락하신 시련을 통해
나의 믿음 더욱 강하게 자라나고
험한 산과 골짜기 지나는 동안
주께 더 가까이 나를 이끄시네
내가 겪는 시험이 어렵고 힘겨워도
내 주님보다 크지 않네
내 앞의 바다가 갈라지지 않으면
주가 나로 바다 위 걷게 하리
나는 믿네
주의 능력으로 내 삶 새롭게 되리
나는 믿네
주의 능력으로 담대히 나아가리라
주와 함께 싸워 승리하리라
날마다 믿음으로 나 살아가리

오늘 말씀을 통해 우리가 하나님을 향하여 아빠 아버지라 부르짖게 하시고, 천국 기업의 상속자가 되게 하셨다는 것을 다시금 확인했습니다. 그러기 때문에 그 완성의 날을 바라보고 오늘 맛봄이 있어야겠고요, 누림이 있어야겠습니다. 그러나 그 완성을 바라보고, 참고, 기다리고, 동고동락함의 분명한 차원도 우리 자녀 된 자들에게 있어야 할 것입니다. 이런 그리스도인의 누림과 기대하고 기다림의 이 역설적인 삶의 특징이 저나 여러분의 삶 가운데 더욱더 선명해질 수 있도록, 그날까지 우리가 기다리고 고대할 수 있는 주의 자녀들이 될 수 있고 순결한 주의 신부가 되어갈 수 있도록 오늘도 은혜를 주시옵소서, 성령을 부어 주시옵소서, 우리 한번 간절히 기도하겠습니다.

3. 끊어질 수 없는 구원의 황금사슬

이와 같이 성령도 우리의 연약함을 도우시나니 우리는 마땅히 기도할 바를 알지 못하나 오직 성령이 말할 수 없는 탄식으로 우리를 위하여 친히 간구하시느니라 마음을 살피시는 이가 성령의 생각을 아시나니 이는 성령이 하나님의 뜻대로 성도를 위하여 간구하심이니라 우리가 알거니와 하나님을 사랑하는 자 곧 그의 뜻대로 부르심을 입은 자들에게는 모든 것이 합력하여 선을 이루느니라 하나님이 미리 아신 자들을 또한 그 아들의 형상을 본받게 하기 위하여 미리 정하셨으니 이는 그로 많은 형제 중에서 맏아들이 되게 하려 하심이니라 또 미리 정하신 그들을 또한 부르시고 부르신 그들을 또한 의롭다 하시고 의롭다 하신 그들을 또한 영화롭게 하셨느니라 그런즉 이 일에 대하여 우리가 무슨 말 하리요 만일 하나님이 우리를 위하시면 누가 우리를 대적하리요 자기 아들을 아끼지 아니하시고 우리 모든 사람을 위하여 내주신 이가 어찌 그 아들과 함께 모든 것을 우리에게 주시지 아니하겠느냐 누가 능히 하나님께서 택하신 자들을 고발하리요 의롭다 하신 이는 하나님이시니 누가 정죄하리요 죽으실 뿐 아니라 다시 살아나신 이는 그리스도 예수시니 그는 하나님 우편에 계신 자요 우리를 위하여 간구하시는 자시니라 누가 우리를 그리스도의 사랑에서 끊으리요 환난이나 곤고나 박해나 기근이나 적신이나 위험이나 칼이랴 기록된 바 우리가 종일 주를 위하여 죽임을 당하게 되며 도살 당할 양 같이 여김을 받았나이다 함과 같으니라 그러나 이 모든 일에 우리를 사랑하시는 이로 말미암아 우리가 넉넉히 이기느니라 내가 확신하노니 사망이나 생명이나 천사들이나 권세자들이나 현재 일이나 장래 일이나 능력이나 높음이나 깊음이나 다른 어떤 피조물이라도 우리를 우리 주 그리스도 예수 안에 있는 하나님의 사랑에서 끊을 수 없으리라(롬 8:26–39).

불금이라고 세상 사람들은 이야기하는 게 요즘 금요일인데요. 오늘은 특별히 성금요일(聖金曜日), 영어에는 Good Friday라고 이렇게 하는데, 특별히 오늘 밤에 어떤 장애물도 우리를 하나님의 사랑에서 끊을 수 없다는 그 사랑을 깨우쳐 주시는 밤이 되기를 소망합니다. 우리 시작 찬송을 오늘 고난 주간의 정점이기 때문에 251장 찬송을 우리 한번 같이 한번 의미를 생각하시면서 부르고, 말씀을 같이 상고하도록 하겠습니다.

251장 놀랍다 주님의 큰 은혜.

놀랍다 주님의 큰 은혜 우리의 죄를 속하시려
갈보리 십자가 위에서 어린 양 보혈을 흘렸네
주의 은혜 우리의 죄를 다 씻었네
주의 은혜 우리의 죄를 다 씻었네

죄악은 성난 파도같이 우리 영혼을 위협하나
헤아릴 수 없는 주 은혜 십자가에서 보이셨네
주의 은혜 우리의 죄를 다 씻었네
주의 은혜 우리의 죄를 다 씻었네

죄악에 물든 영혼들을 주께서 피로 씻으시네
지금도 흐르는 그 피에 눈보다 더 희게 씻으라
주의 은혜 우리의 죄를 다 씻었네
주의 은혜 우리의 죄를 다 씻었네

비할 수 없는 그 은혜를 믿는 자에게 거저 주네
형제여 주 앞에 나와서 더 지체 말고 곧 받으라
주의 은혜 우리의 죄를 다 씻었네
주의 은혜 우리의 죄를 다 씻었네

"비할 수 없는 그 은혜를 믿는 자에게 거저 주네." 이것이 오늘 고난주간의 메시지의 핵심입니다. 거저 주시는데, 세상에서 비교할 것이 없는 은혜incomparable grace입니다. 저는 목회를 하면서 박사학위 논문을 쓸 때에 조나단 에드워즈의 성령론에 대해서 썼고, 출판도 되어 있습니다. 에드워즈 목사님은 18세기 미국의 대표적인 신학자이고, 철학자이고, 또 미국이 자랑하는 지성인입니다. 그리고 또한 성령의 현재적인 역사를 참 많이 경험했던 그런 개인의 영성도 있고, 또 목회하시던 노샘프턴교회도 두 번이나 엄청난 성령의 역사를 경험을 했었습니다. 그러나 예일대학 졸업식에 가서 후배들에게 "성령의 역사 분별 방법"이라고 하는 설교를 하면서 하는 말이 "나는 1년 동안 몰아지경ecstasy에 빠져 가지고 선지자들처럼 그렇게 해서 계시와 영감을 받고, 또 묵시를 받고 하는 그것보다는 차라리 단 15분 간이라도 나는 우리를 구속하시기 위하여 죽기까지 하신 그리스도의 사랑을 내가 누리고, 또 성령의 달콤한 영향력을 경험하는 것을 차라리 선택하겠다." 이렇게 후배들에게 고백을 했습니다. 앞서 성찬식에 참여하면서도 참 가슴 뭉클한 시간이었습니다. 핵심은 dying love, 죽기까지 하신 그 사랑을 기념하고, 또 성령이 우리 믿는 자에게 역사하시면, 그 사랑이 현재화되고, 또 과거에 누렸으나 약해졌거나 세상 살다가 힘이 들고 약해졌다면, 또 새롭게 그 사랑을 깨우쳐 주시고, 경험하게 하시는 그런 시간이 성찬 시간인 것 같습니다. 오늘 시작이 참 뜻깊은 그런 시간이었던 것 같습니다.

우리가 로마서 8장을 사실 세 번에 나누어서 강해하기가 참 쉽지 않다고 처음에 말씀을 드렸습니다만, 아무튼 이렇게 나누어가지고 하다 보니까 과연 강조가 제대로 되었는지 제가 잘 모르겠습니다. 그러나 우리가 이 고난주간을 맞아서 결국은 삼위일체 하나님의 사랑을 우리가 다시 한번 묵상하고, 또 이제 소망을 했고, 우리의 영혼, 우리의 가슴에 다시 한번 그 사랑이 파도처럼 밀려와서 우리가 감격할 수 있는 시간이 되었으면 좋겠다고 기도했는데 그것 이상의 영광이 무엇이 있겠습니까? 우리가 참 힘들게 세상을 살면서 살아갈 수 있는 힘도 되겠지만, 또 이 시간에 시간을 구별하여 오시는 분들에게 줄 수 있는 가장 귀한 선물이 바로 그 하나님의 사랑을 다시 한번 깨우치고, 지정의 전인(全人)에 차고 넘치는 시간이 되는 그런 것이라고 생각을 합니다. 다만 이제 설교자는 지정의를 못 채워 드립니다. 그냥 설교를 준비해서 설명을 하는 거고요. 준비를 많이해서 이렇게 다 설명을 드린다고 하더라도요. 항상 설교자는 겸손할 수밖에 없어요. 왜냐하면 인간 설교자가 사람을 구원하지 못하기 때문입니다. 혹은 내 안에 있는 사랑도 남에게 전달을 할 수 있는 능력이 우리 인간에게는 없습니다. 더구나 삼위일체 하나님의 사랑에 대해, 혹은 죽기까지 하신 그리스도의 사랑에 대해 본문 32절에 또 나오지만 우리를 위하여 자기의 독생자도 아끼지 아니하고 내어주신 그분의 사랑을 어떻게 제가 여러분들에게 느껴지도록 만들어 드리겠습니까? 요한복음에 의하면 성령은 진리의 영입니다. 진리를 알게 하신다는 면도 있지만 우리로 하여금 이 영적인 실재를 우리들에게 누릴 수 있도록 현재화시켜 주시는 그런 분이시라는 의미입니다. 그래서 교회를 백날 친날 만날 다녀도 "주님이 나를 위하여 죽으셨다"라고 하는 사실을 그냥 무심히 여기고, 믿는다 하지만 가슴 벅찬 감격이 없이 살다가도요. 성령께서 어느 날 우리에게 강하게 치고 들어오시면, "날 위하여 하나님의 아들이 죽었다"라고 하는 사실 앞에 대성통곡할 수밖에 없게 됩니다.

오늘 이제 세 번째 대목을 살펴보려고 하는데, 전체적으로 결코 끊어짐이 없는 하나님의 사랑에 대한 노래입니다. 오늘 살펴볼 내용이 모두 열넉절입니다. 앞서 우리는 13절 그리고 11절씩 각기 살펴 보았는데, 가장 이제 긴 구절들이 남아 있습니다. 제가 등산을 즐겨하지는 않지만 등산 이야기로 시작을 하겠습니다. 산악인들 가운데도 보면, 생사를 넘나드는 끊어질 수 없는 그런 우정 이야기들이 있습니다. 오늘 저는 박정헌 씨와 최강식 씨 두분 이야기를 소개하겠습니다. 2005년에 6,440m 고지인 촐라체Cholatse라고 하는, 에베레스트 옆에 있는 고지를 올라갔다가 내려옵니다. 등산은 성공했는데, 내려오다가 결국은 최 씨가 후배인데, 쩍 벌어져 있는 크레바스(골짜기)에 떨어집니다. 우리가 이제 등산을 안 해도 아시는 대로 이런 고지대 등산하려면, 긴 등산용 로프, 독일어로 자일(Seil)이라고 하는데, 자일선으로 서로 연결해서 올라가고, 내려가고 합니다. 그런데 이제 한 사람이 크레바스에 주르륵 빠지니까 이제 남아 있는 사람도 덩달아 끌려가요. 더욱이 떨어지고 있는 사람이 78kg이고, 남은 사람이 70kg입니다. 이게 밑으로 간 사람이 가벼워도 쉽지 않은데, 위에 있는 박정헌 씨가 8킬로그램이나 더 무게가 적었습니다. 그래서 흔히 이런 절체절명의 순간에 등산인들에게는 하나의 규율이 있습니다. 정말 어쩔 수 없는 상황 즉, 둘 다 죽을 상황이면, 자일선을 끊어서 한 명이라도 살아야 한다 이게 하나의 원칙 중에 있습니다. 그런데도 불구하고 포기하지 않고, 2시간의 사투 끝에 결국은 건져 올렸어요. 그리고 두 사람은 하산하는 동안에도 만신창이가 될 만큼의 어려움들을 겪습니다. 그래서 결국은 박정헌 씨는 10개의 발가락을 자르고, 8개의 손가락을 잘라냈어요. 후배를 구해주기 위하여 끝까지 포기 안한 댓가가 그것이었습니다. 크레바스로 떨어졌던 최강식 씨는 10개의 발가락과 9개의 손가락을 다 잘라야 했습니다. 그들은 등산을 더 이상 못하게 된 것입니다. 그 후 정상적인 직장 생활도 하기 어려워졌지만, 두 사람 이야기는 방송도 타기도 했지만 또 책으로 나오기도 했습니다. 그런데 이제 건짐을 받은 이 후배가 하는 말이 우리 마음을 울립니다. "그 크레바스 속에 빠졌을 때도 형이 나를 버리지 않을 줄을 믿었다." 사실은 자기보다 무거운 그 후배를 건져 올리기 위하여 2시간이나 사투를 벌이면서 갈비뼈 부러지고, 손가락과 발가락이 다 나가고 그렇게까지 한다는 것이 얼마나 엄청난 이야기입니까? 그런 정말 힘든 상황에서도 끝까지 나를 버리지 않고, 그 줄을 끊지 않을 줄 알았다는 것, 이제 인간의 삶 가운데 때때로 일어나는 감동적인 실화입니다.

이 등산인들이 사용하는 자일선과 관련하여 동사가 있는데, 안자일렌anseilen이라는 독일어 동사입니다. 안자일렌은 "함께 줄을 매다"는 뜻입니다. 등산인의 등산 장면을 생각해 보세요. 줄을 묶고 같이 등산하는 모습을요. 이 단어를 생각하면서 깊은 감동을 느낀 적이 있습니다. 등산에 대한 감동은 아닙니다. 사람들도 그렇게 같이 외줄에 운명을 같이 하고, 생사고락을 함께하는 끈끈한 관계를 가질 수가 있는데, 우리 가운데 오신 한 분이 우리와 보이지 않는 자일선으로 우리와 자신을 묶으시고 영원히 떠나가지 않으신다고 하는 사실을 떠올리게 되었습니다. 그분은 누구실까요? 네. 26절에 말씀하시는대로 "이와 같이 성령도 우리의 연약함을 도우시나니."고 하신, 그 성령님이십니다. 성령께서 믿는 신자들 가운데 오셔서 결코 떠나가지 아니하시고, 버리지도 아니하시고, 끝까지 구원의 완성을 이루실 때까지 우리와 그렇게 함께 하신다고 하는 사실이 감동으로 다가왔습니다.

우리의 연약함을 도우시는 성령(26-27절)

오늘 우리는 첫 번째로 26-27절에 있는 말씀을 살펴 보겠습니다. 하나님의 끊어질 수 없는 구원의 황금사슬 또는 영원히 끊어지지 않는 하나님의 사랑의 끈을 말하고자 할 때에 우리는 성령에 대해 먼저 생각을 해야 합니다. 본문에 보시면, 성령이 무엇을 한다고 이야기하느냐 하면 우리의 연약함을 도와주신다고 말씀합니다. 아마 젊은 분들은 건강하니 노쇠하신 분들 보다는 연약하지 않다고 느끼실 것입니다. 자신은 강하다고 느끼실 것입니다. 그러나 우리가 살아가면서 젊어도 지식이 있어도 돈이 있어도 나는 연약하지 않다고 말할 수 있는 사람은 없습니다. 적어도 교회에 다니는 사람들은 세상의 교만한 자들과 달리 자신이 얼마나 연약한지 알고 있습니다. 우리 몸이 연약할 수도 있고, 또 나아가서 나이가 들고 노쇠하면 몸이 연약하다는 것을 뼈저리게 느낍니다. 그리고 신자가 되면 이상하게 심리적으로도 더 연약해지는 것 같습니다. 때로 작은 말 한 마디에 밤잠 못자고 괴로워하면서 고통당하는 그런 경우들도 있습니다. 그리고 겉으로 보면 성화가 많이 된 것으로 보이는 분들도 내면적으로 자신이 얼마나 연약한 죄인인가를 고백하는 것을 보게 됩니다.

그런데 이와 같이 연약한 우리들을 혼자 버려두지 아니하시고 도와주시기 위하여 우리 가운데 와계신 분이 계시니 그가 바로 성령님이십니다. 예수님이 잡히시던 밤에 다락방에서 전하신 고별설교(요 14-16장)에서 강조된 핵심 주제 중 하나가 보혜사 성령에 대한 것임을 잘 알고 있습니다. 예수님은 자신이 떠나가시더라도 보혜사 성령을 보내주시겠다고 약속을 해주셨습니다. 그리고 성령이 오시면 무슨 일을 하실것인지, 성령의 사역에 대한 설명과 안내를 해주셨습니다. 요한은 파라클레토스*parakletos*라고 하는 단어를 썼고, 우리 말로 보혜사(保惠師)로 번역을 했습니다. 쉽게 말해서 도우미라는 뜻입니다. 물론 다양한 의미에서 도와주는 분을 의미합니다. 우리는 갑작스레 법정에 가게 되면 어찌할 바를 모릅니다만, 그 때에 변호사를 선임하면 우리를 대신하여 법적인 처리를 해줍니다. 또는 저도 겪어보았습니다만, 갑작스런 사고를 당하여 사고처리를 어떻게 해야할지를 모를 때에는 손해사정사를 선임하면 우리 대신에 모든 처리를 해주고 최선의 보상금을 받도록 도와줍니다. 또는 우리가 지적으로 부족하고, 또 갈 바를 알지 못할 때, 우리를 도와주는 조언자나 상담사counselor도 있습니다. 다양한 의미에서 우리는 보혜사를 이해할 수가 있습니다.

그런데 본문에서 사용하고 있는 "성령이 우리의 연약함을 도우시나니" 할 때에 도와준다라고 하는 용어는 조금 조심을 해서 생각해야 합니다. 우리가 할 일을 우리가 안 하고, 성령이 알아서 하시고, 우리는 그냥 아무것도 안 하고, 그냥 가만히 있으면 된다는 의미가 전혀 아닙니다. 이 도와준다에 해당하는 헬라어 동사 뜻이 뭐냐하면, 누가복음 10장 40절 이하에 보면 마리아가 예수님 말씀을 듣는다고 부엌일 안 도와주니까 마르다와 마리아 자매가 나오는데, 마르다가 와서 "그를 명하사 나를 도와주라 하소서"(눅 10:40)라고 할 때에 그 도와준다와 같은 의미입니다. 그런데 그때에 도와준다는 것도 보십시오. 이제 마르다는 일 안 할 테니까 마리아보고 일 다해라고 해달라는 의미의 도와줌은 아니었습니다. 나 혼자 일하는 것을 그냥 두지 말고, 마리아보고 명하셔서 나를 도와주라는 거였죠. 그러면 둘이 같이 일하게 되는 것을 말합니다. 그래서 사실 성령은 우리를 죄와 사망에서 다시 살려내시는 중생의 사역을 제외한다면, 대부분은 어떤 방식으로 도와주시느냐 하면요, 인격적인 관계 속에서 우리를 도와주십니다. 우리 할 일을 그냥 그분이 알아서 다 해버리는 게 아니에요. 우리가 할 일을 하고, 은혜의 방편을 활용하는 이 일들을 하고, 성령이나 우리 혼자 알아서 하라고 내버려놓지 않고 곁에서 우리를 도와주신다라고 하는 사실입니다. 그래서 빌립보서 2장 12-13절에 보면, 우리들과 하나님이 일하시는 방식에 대해서 우리도 100% 우리의 해야 할 일을 하고, 하나님도 하나님의 하실 역할을 100% 한다라고 하는 그와 같은 방식으로 이야기합니다. 즉, 우리 가운데 하나님이 일을 하실 때, 선한 소원을 줍니다. 그다음에 그것을 이제 느낄 때, "아, 이렇게 해야 하는구나" 그러면 이제 그것을 행할 능력을 우리들에게 주십니다. 저도 사역을 하면서 이제 600명 정도 출석을 하다 보니 교인이 많습니다. 부교역자도 9명이나 되고 이렇게 있는데도 불구하고 강하게 제 마음 가운데 어떤 가정이나 어떤 분이 마음에 떠오릅니다. 그러면 이제 제가 만약 바빠서 못 가면, 교구 목사님 통해 확인을 시킵니다. 가정에 어떤 일이 있는가, 성도님 평안하시냐고. 또 만약 필요하다면, 그때는 미루지 않고 심방을 갑니다. 그리고 가서 보면, 잘했다는 생각을 하게 됩니다. 왜냐하면 저같이 그냥 차분하게 설교 준비하고, 책 읽고, 뭐 이런 은둔형의 내성적인 사람이 자신의 본성으로는 그렇게 남을 생각하고, 남을 애써 좇아가서 돌아보고 이런 것들이 사실은 본능적으로는 쉽지 않습니다. 그래서 어느 순간 그런 선한 마음이 들 때에는 이런 선한 소원들이 어떻게 내 안에서 일어나겠냐? 성령이 나에게 주시는 것이다는 판단을 하게 되었습니다. 그래서 그런 일들은 순종을 해야 한다라고 하는 걸 깨달았어요. 그렇게 우리가 순종의 발자국을 옮길 때에 하나님의 영이 할 수 있는 힘을 주시는 것을 경험하게 됩니다. 언젠가는 귀신 들린 것이 아닐까 싶을 만큼의 어떤 케이스도 제가 겪어봤어요. 그것도 토요일 저녁에! 저는 설교 준비를 토요일에 집중하는 편이었는데, 집사님의 상황을 보고 받고 먼 거리를 심방을 갔습니다. 가서 몇 시간을 옆에서 부교역자와 더불어서 영적으로 도와드렸는데, 결국은 귀신에 들린 건 아니었구요, 너무 삶이 어려워서 정신의 고비가 넘어가신 거였습니다. 그래서 결국 정신이 다시 돌아오는 것을 보고 돌아왔습니다. 그런 일이 우리의 마음 가운데 목회자로서 해야 할 일이다라고 하는 선한 소원을 주실 때, 좇아가서 그리고 순종하다 보니까 하나님의 영이 또 역사하시는 것을 경험할 수가 있었던 것입니다.

여기 앉아 계신 성도님들도 마찬가지입니다. 3일 동안 이렇게 오실 때에 어떤 동기부여였든 지 간에 오신 건 일단 잘하신 거예요. 그러나 이제 안 오고 싶은데도 불구하고 여러분 마음 가운데 감동을 주셨다면 그것은 성령이 주시는 선한 소원이었습니다. 그리고 이제 성령이 대신 사경회 가는 게 아니고, 그렇죠? 여러분들이 오셔야 해요. 오는데 날씨가 어떻고, 몸 상태가 어떻고 막 이러는데도 불구하고 와보면 와지죠. 그리고 앉아 있다 보면, 제가 무슨 개그맨처럼 웃기기를 합니까, 아니면 설교를 옥한흠 목사님 이런 분들처럼 그렇게 잘

합니까? 그냥 뭐 평범한데, 그냥 보통 목사인데 그러나 말씀을 통하여, 은혜의 방편을 통하여 여러분 가운데 역사하시는 것을 경험하지 않습니까? 교회 일을 할 때도 마찬가지입니다. 선한 소원을 주시거든, 잘 판단해보세요. 마귀가 그런 소원 주겠습니까? 아니면 우리의 이 연약한 타락한 본성이 그런 선한 소원을 가지겠습니까? 빌립보서 2장 12-13절을 따라 하나님의 영이 우리 가운데 일하시는 방식에 대한 설명을 제가 지금 드린 것입니다. 선한 소원을 주시면 순종하고, 순종하여 일을 하다 보면 할 수 있는 능력을 하나님이 우리에게 주십니다. 그리고 우리의 심령을 성령은 강하게 하시고, 용기도 주시고, 말씀에 순종하여 살 수 있도록 도와주십니다.

이제 26절에 보시면 바울은 특별히 한 가지 예를 들고 있습니다. "우리는 마땅히 기도할 바를 알지 못하나" 여러분, 이제 우리가 기도생활을 해보시면 알지만 기도가 쉽다라고 생각하는 분도 있구요. 기도가 어렵다고 하는 분도 있고, 기도가 뭐 필요하냐라고 말하는 무용론자들도 교회 안에 있습니다. 하지만 기도는 굉장히 쉬운 것 같지만 참 어려운 일입니다. 기도를 잘하는 게 어렵습니다. 우리가 우리 할 말만 그냥 하나님이 듣든지 말든지 토설해 버리고 돌아가는 건 쉬울지 모릅니다. 그러나 하나님의 마음에 드는 기도를 하는 게 어려워요. 어느 날 깨달아지는 바가 있어서 제가 조합한 문장이 있습니다. "기도가 무엇이냐, 무능한 우리가 전능하신 하나님의 손을 잡고, 전능하신 하나님이 일하실 수 있도록, 우리를 도우실 수 있도록 하는 은혜의 수단입니다." 우리는 다 잘알죠? 우리는 참 무능합니다. 어떤 일도 우리 혼자서 감당할 수가 없습니다. 그러나 우리가 하나님의 마음에 맞는 기도를 할 때는 우리가 하나님의 손을 잡고, 그 하나님께서 선한 일을 하실 수 있도록, 하나님의 역사가 일어날 수 있도록 하는 것이 기도입니다. 그러니까 이 기도가 간단한 문제가 아니구요, 기도를 잘하는 게 대단히 중요합니다. 우리가 열왕기상 3장에도 보면요, 하나님의 마음에 딱 맞으니까 솔로몬에 대하여 하나님께서 구하지도 않은 나머지 것들은 보너스로 그냥 줘버려요. "마음에 맞는지라." 그러고 나니까 나머지는 그냥 보너스, 덤으로, 프리미엄으로 줘버리지 않습니까? 그러니까 어떻게 기도가 해도 되고, 안 해도 되고, 잘해도 되고, 잘못해도 되고 그냥 하나의 형식이겠습니까? 아무튼 그러다 보니까 우리가 이 기도라고 하는 게 때때로 참 어렵다라고 하는 것을 느낍니다. 그러나 오늘 성령께서는 기도할 바를 모르는 우리들을 도와주신다고 합니다.

그런데 이제 어떻게 도우시는가를 보십시오. "말할 수 없는 탄식으로 우리를 위하여 친히 간구하[십니다].” 성령이 탄식하신다는 것이 무엇인지 경험해보셨습니까? 성령이 탄식하는 소리가 내 안에서 들려옵니까? 내 안에 다른 어떤 것이 있어서 나는 가만히 있는데, 안에서 탄식이 막 들려옵니까? 아니면 기척이 들려옵니까? 물론 그럴 수도 있겠습니다만 사실은 말할 수 없는 탄식이라는 말을 다르게 번역을 하면 “말이 없는”wordless이라는 뜻입니다. 성령의 말이 없는 탄식입니다. 성령은 예수 믿는 자라면 누구에게나 내주하십니다. 우리가 앞의 시간에도 계속 보았던 대로, 우리가 인정하든 안 하든 성령은 우리 가운데 내주하시고, 우리로 신앙생활하게 하십니다. 그리고 성령이 말할 수 없는 혹은 말이 없이 탄식한다라고 하는 것을 우리가 경험적으로 사실은 모르는 것이 아니고, 때때로 경험을 합니다. 우리를 위하여 늘 기도하시고, 간구하시는 성령의 역사가 있기 때문에 오늘까지도 우리가 삽니다. 가끔은 힘들게 시작한 기도, 마치 입에 모래알을 씹는 것 같이 기도를 시작했는데, 기도를 하다 보면 기도의 문이 열리고 하늘을 향하여 폭포수가 거꾸로 올라가는 것 같이 우리의 기도가 높이 치솟아 올라가는 그런 경험을 하곤 합니다. 사실 개인도 그렇지만 공동체의 기도도 그렇습니다. 우리가 힘을 다해서 한 목소리로 소리 질러 기도하는 것도 중요하지만 소리를 지르기 위하여 지르기보다는 성령이 강하게 우리 가운데 들불이 일어나듯이 그렇게 우리 가운데 역사하시는 것을 우리가 경험하는 때가 있습니다. 그것이 바로 기도의 영이 임할 때입니다. 여러분, 그러나 평상시에도 저나 여러분들을 위하여 성령이 우리를 위하여 간구하고 계십니다. 우리가 느끼지도 듣도 못해도 이 사실이 변하지 않습니다.

그러면서 27절에 보시면 중요한 이야기를 더해줍니다. 성령께서 우리를 위해 기도를 하시는데, 우리가 기억해야 할 중요한 내용이 있습니다. "마음을 살피시는 이가 성령의 생각을 아시나니 이는 성령이 하나님의 뜻대로 성도를 위하여 간구하심이니라." 여기에 성령이 무엇을 하십니까? 일단은 "마음을 살피시는 이"라고 하시죠? 성부 하나님과 성령 간의 관계는요, 삼위일체, 즉 세 분 하나님이시나 동일본질이시기 때문에 서로의 속을 투명하게 아세요. 다른 생각이나, 다른 의지를 가지고 있지 않아요. 그러니까 하반절에 있는 대로 성령은 하나님의 뜻을 따라 우리를 위하여 기도해 주시는 분이십니다. 여러분, 우리를 위하여 기도해 주시는 이 성령이 계신다라고 하는 것이 굉장히 위로가 되어야 마땅합니다만, 그러나 그 위로가 저나, 여러분들의 소원, 우리가 원하는 방향, 우리가 원하는 시간, 원하는 내용의 성취만으로 이루어질 거라는 기대는 애초에 안 하시는 것이 좋습니다. 왜냐하면 성령은 정말 우리를 사랑하시고, 우리를 영원히 떠나지 않습니다. 야고보서 4장 5절에서 "너희 가운데 거하게 하신 성령이 시기하기까지 사모한다" 하신 말씀대로, 성령은 우리 가운데 계시면서 우리를 위하여 거룩한 질투, 거룩한 시기심을 가지고 하나님의 자녀로서 합당하지 않은 것에 대하여 버리도록 하시구요. 그냥 내버려두지 않으십니다. 그만큼 성령은 우리를 사랑하신대요. 그럼에도 불구하고 내 편이 되어주고, 내 뜻대로, 내 욕심대로 해달라 마치 철없는 아이처럼 떼를 쓰는 것처럼 그렇게 할 때에도 도와주시는가? 그건 아니라는 것입니다. 여러분, 우리가 초신자일 때 경험이 있습니다. 기도하면, 응답이 빨리빨리 와요. 그러나 이제 조금 성장하면 할수록 기도하는데, 응답이 안 와요. 별로 안 와요. 오기도 하지만 한참 기도해도 응답이 안 오기도 합니다. 그래서 우리가 시험이 들기도 하는데, 사실은 그게 정상입니다. 왜냐하면 초신자 때는 '응애' 하면 달려오는 부모 혹은 유모처럼 그 정도의 내용들 뿐이에요. 그러나 이제 우리가 신앙 안에 자라가다 보면 욕심을 따라 기도하면 이제 버리라고 응답 안 하시구요. 우리가 이제 기도하는 걸 보세요. "하나님의 이름이 거룩히 여김을 받으시옵소서. 나라가 임하옵소서. 뜻이 이루어지옵소서. 하나님의 나라가 이 지역에 이렇게 임하게 하여 주옵소서" 이렇게 기도하는데, 그것이 어떻게 하루아침에 이루어질 일입니까? 사실 우리의 기도의 내용들이 세지고 커지고 정상적으로 갈 때는 이게 하루아침에 될 일이 아니기 때문에 쉽게 응답이 안 옵니다. 저 같은 경우에도 중학교 2학년 때 선배의 권유에 따라 토요 기도회에 참여하게 되고, 산기도도 가게 되었습니다. 토요일에 모여 철야기도도 하고 그러다 보니 어떤 친구들은 은사도 받는 일이 있었습니다. 그런데 어리고 지도하는 이가 없다 보니까 "하나님. 성령의 충만함을 주시옵소서" 그렇게 기도를 했습니다. 그 추운 겨울 교회당 장의자에 앉아서 기도를 하고, 밤새고, 산기도 가서 나무뿌리 붙잡고 하는데도 불구하고 성령 충만함을 경험할 수가 없었습니다. 그것은 하루아침에 되어질 일이 아니기 때문입니다. 또한 우리가 "예수님을 닮게 해주시옵소서" 기도하는 일도 어떻게 하루 아침에 되어지는 일이겠습니까? 그것은 지나고 보면, 긴 세월을 통하여 우리가 충만해지고, 또 우리가 여러 과정을 겪으면서 성령께서 우리를 바꾸어 나가시는 것입니다. 그래서 항상 이제 제가 우리 학생들에게도 이야기합니다. 사람이 며칠 몇 날 혹은 몇 달을 두고는 모르겠지만 최소한 신자가 되었다고 하는데, 정상적인 신앙생활을 하면서 5년을 지나고 10년이 지났는데도 전혀 변화가 없다라고 한다면, 애시당초 거듭났는지를 확인해보라고 말해 줍니다. 거듭난 신자는 그럴 수는 없어요. 긴 시간을 두고 보면 우리가 인간적으로 자책하고, 남에게 욕먹는 때도 있겠지만, 그럼에도 불구하고 우리 가운데 일하시는 성령의 그 거룩하게 하시고, 변화시키는 역사를 경험하지 않을 수가 없습니다.

성령님은 하나님의 뜻에 따라 우리를 영원의 관점에서 우리에게 유익한 것이 무엇인가를 따라 기도해 주시는 분이십니다. 그러니까 너무 염려하지 마시고 내 고집이나 내 계획대로 하나님이 안 움직이시고, 성령이 안 도와주신다 이렇게 생각하실 것은 없습니다. 다만 이제 주의하고 구별해야 할 것은 하나님 앞에 기도를 안 하기 때문에 안 주실 때도 있다는 것입니다. 그 부분이라면, 기도를 놓치지 마시고, 꾸준히 하십시오. 특별히 우리가 "예수님을 바르게 잘 믿는 가정 혹은 신자가 되게 해주세요" 이런 기도는 정말 하나님의 뜻입니다. 또 혹은 "하나님의 이름이 우리나, 우리 교회나, 우리 가정을 통하여 영광을 받으시옵소서" 이런 기도는 정말 변치 않는 하나님의 소원이거든요. 그런 기도는 계속 간절하게 해야 합니다. 나를 변화시켜 달라는 기도도 계속해야 합니다. 그러나 이제 "주님의 뜻인 것 같기도 하고. 아닌 것 같기도 하고, 그런데 열심히 또 기도했는데, 응답이 없다" 그런 경우를 보면은요, 많은 시간이 지나고 나서 보면 응답 안 하신 게 응답인 경우가 있습니다. 왜냐하면 지나고 보면 필요 없는 것들이 많습니다. 우리가 절박하게 느끼는 것도 결국은 시간이 지나고 보면, 하나님이 보실 때에 유익하지 않기 때문에 이 순간 안 주시는 것들이 인생에 많이 있습니다.

끊어지지 않는 구원의 황금사슬(28-30절)

두 번째로 살펴볼 것은 8장 28절에서 30절까지에 있는 말씀입니다. 8장 28절은 어떤 분이 표현한 것 같이 우리 영혼의 베개와 같아서 우리의 고단한 인생길 가운데에서 우리의 피곤한 머리를 맡길 수 있는 베개와 같은 구절입니다. 그리고 많은 분들이 외우고 있기도 합니다. 그럼에도 불구하고 정확하게 잘 이해하기가 쉽지 않은 구절입니다. 28절을 다시 한 분 주목해서 읽어보시겠습니까? "우리가 알거니와 하나님을 사랑하는 자 곧 그의 뜻대로 부르심을 입은 자들에게는 모든 것이 합력하여 선을 이루느니라." 여기서 "우리가 알거니와"라고 했는데, 바울이 말하려는 바는 신자들이라면 누구나 다 잘 아는 지식에 속한다는 말입니다. 세상 사람들은 알지 못하지만, 우리 신자들에게는 상식에 속한다는 말입니다. 그러면서 본문상에는 하나님이라는 말이 없습니다. "그의 뜻대로 부르심을 입은 자들에게는 모든 것이 합력하여 선을 이룬다" 이렇게 되어 있지 "하나님이 그렇게 하신다"라는 명시적인 말씀은 하지 않았습니다. 그래도 역시 누가 그렇게 되도록 하시겠습니까? 생략되었지만 하나님께서 그렇게 하신다는 말씀인 것입니다. 우리가 본문에 하나님을 넣어서 "하나님이 그렇게 해주신다"라고 이해해도 아무런 문제는 없습니다. 다만 여기에 말하는 선(善)이 무엇일까요? 또한 "모든 것"이 무엇을 의미할까요? 저나, 여러분은 살아가면서 좋은 일들만으로 우리 인생의 퍼즐이 맞추어 지기를 간절히 소원하곤 합니다. 긍정적이고, 낙관적이고, 좋고, 선하고, 누가 봐도 복이라고 생각하는 내용으로 우리의 인생이 채워지기를 바라고, 또 이제 우리가 아니면 적어도 우리 자녀들의 인생이 그랬으면 좋겠다는 그런 마음을 가집니다. 옛날 우리 어머니들 가운데는 그런 말을 했어요. "내 딸은 시집가서 손에 물을 묻히지 않는 그런 인생을 살게 하고 싶다." 그 말을 들으면서 제가 속으로 그랬어요. "아니, 손에 물 안 묻히면, 세수는 어떻게 하지?" 그런데 엄마들의 소원에 물 안 묻히게 한다는 것이 그런 의미는 아니죠. 시집 가서 고생하지 않는 것을 말하죠. 어쩌면 우리의 소원은 똑같습니다. 저도 아들을 향하여 가지는 심정은 그래요. 아들이 고생하기를 원치 않아요. 그럼에도 불구하고 이미 시골교회 첫 목회지에서 그 초등학교 나이에 한 옥타브가 손에 안 잡히는 아이가 반주자가 없어서 그 차가운 양철 지붕 교회 아래에서 매주 찬양 연습하면서 몇 년을 그렇게 봉사했었습니다. 그래서 저는 아들이 힘들고 어려운 때나 중요한 시점에는, 특히 고3일 때 새벽마다 기도회 인도하고 강대상에 앉아서 기도할 때에 "하나님! 그때 아들이 시골교회에서 고생한 것 좀 기억해주세요."라고 기도했습니다. 사실 우리 자신도 그렇지만 우리 자녀들에게 진짜 물 하나 묻히지 않고, 좋은 일, 고운 일, 신나는 일, 또 남이 봐도 정말 복이라고 생각할 수 있는 그런 일들만 연속되는 그런 의미에서 선을 소원하고 싶습니다. 그것이 아닌줄 알면서도 마음은 그렇고, 소원하는 바가 그렇습니다.

그러나 본문에서 말하는 "모든 것"에는 그런 긍정적인 내용도 들어가지만 우리의 실수나, 죄나 우리가 입은 상처나 빗진 경험, 질병이나, 사별이나, 우리가 겪는 어떠한 가정적인 경험이나, 인생의 어려움들까지도 다 포함되어 있습니다. 하나님께서는 그런 부정적인 것들조차도 제대로 사용하십니다.

그 모든 일들이 합력하여 결국은 하나님이 목적하는 바 선을 이루어 내십니다. 결국은 하나님의 원하시는 궁극적인 선이 저와 여러분들의 인생 가운데 어느 날 이루어지게 하십니다. 우리가 긍정적인 일들에 대하여서는 원망이나 불평을 전혀 안 합니다. 그러나 우리가 이제 겪었던 지난날 상처와 아픔들, 어려움들, 실패들이나 이런 것들에 대해서는 하나님 앞에 불평할 때가 많습니다. 그러나 인생의 어느 시점에 마치 봉우리에 서면 올라온 곳이 넓게 다 보이듯이, 인생의 퍼즐이 맞아 들어가는 것을 경험하게 됩니다. "아, 저런 것도 이것과 저것과 합력하여 내가 이 자리에 이런 사람으로 서게 하시기 위하여 필요하였구나." 한 번씩은 퍼즐이 맞아 보일 때가 옵니다. 그리고 결국은 우리 인생을 끝내고, 하나님 앞에 설 때에 이제 온전한 그 모습 속에서 우리의 지나온 인생의 그 모든 쓰고 달았던, 또는 긍정적이고, 부정적이었던 그 모든 요소들이 그 자체로는 힘이 없었지만, 우리를 사랑하시는 하나님이 합력하여 선이 되게 하셨다라고 하는 것을 깨닫고, 찬송하게 될 것입니다. 그런데 이런 일은 모든 사람에게 일어나거나 불신자에게도 일어나는 것이 아닙니다. 인생에 당하는 어려운 일들이나 고난 자체가 사람을 바꾸지 못합니다. 제가 목회하면서 만났던 어떤 분들을 보면서 제가 깨달았어요. 암에 걸려서 죽다가 살아나도 변하지 않을 사람은 안 변합니다. 고난이 사람을 바꾼다고 생각하면 안 돼요. 하나님이 고난이라고 하는 연장을 사용하셔서 바꾸시는 거지, 고난 자체가 사람을 바꾸지 않습니다.

우리가 본문을 다시 주목해 보신다면 누구에게 그런 일이 일어난다고 하는가 하면 "하나님을 사랑하는 자 곧 그의 뜻대로 부르심을 입은 자들"에게만입니다. 부르심을 입은 자, 즉 복음에 의한 소명을 받고, 중생한 신자들에게 이 말씀이 해당이 됩니다. 불신자에게도 해당된다고 할 수는 없습니다. 그리고 이제 우리가 하나님께 부르심을 받았다면 나타나는 증거가 무엇인가를 주목해 보시기 바랍니다. 하나님을 사랑하는 것으로 나타납니다. 그러나 물론 사랑은 뜨거울 때도 있고, 약할 때도 있고, 강할 때도 있고, 또 혹은 미지근할 때도 있고, 무심할 때도 있어요. 그러니까 그 강도를 가지고 하는 이야기는 아닙니다. 우리가 고난 주간에 기억나는 두 사람이 있습니다. 가룟 유다와 베드로 두 사람입니다. 여러분, 가룟 유다는 고의적으로 주님을 배신하고 팔아 먹은 사람입니다. 그는 단 한 번도 예수님을 향하여 주님이라고 부른 적이 없고. 늘 라부니여 즉, "나의 선생님"이라고 불렀던 사람입니다. 그리고는 고의적으로 돈 때문에 자기 선생을 팔아 먹습니다.

그리고 이제 일이 틀어졌을 때도 자책은 하지만 그것은 회개가 아니라 양심의 가책이었고, 결과적으로는 자살해서 죽어버립니다. 하지만 베드로는 어떻습니까? 진심으로 주님을 사랑했던 제자입니다.

제가 힘들고 어려울 때 묵상하는 본문 중에 하나가 요한복음 21장입니다. 디베랴 바닷가에서 밤새 고기를 낚으려고 했으나 실패했던 제자들을 찾아오신 예수님은 그들에게 떡과 생선을 공궤해 주셨습니다. 주님은 그 자리에 베드로를 나무라기 위해 오신 것이 아니었습니다. 다만 그의 진심을 묻기만 하셨습니다. "너 나를 사랑하니?"라고만 물으셨습니다. 그러한 질문에 베드로는 진심을 담아 "예"라고 대답했습니다. 그러자 예수님께서는 다시 "내 양을 치라. 내 양을 먹이라"하시면서 사도직을 재위임해 주셨습니다. 그러니까 베드로는 가룟 유다와 달리 무엇이 문제였습니까? 저와 여러분들도 살다 보면 이 부분을 분명하게 구분하셔야 해요. 우리가 주님을 사랑하지 않는 게 아닙니다. 신자라면. 정말 바쁘게 정신없이 달리고, 메마르고 힘들어도 "내가 주님을 사랑하는가?"라고 하는 질문에 직면하면 정말 죄송스러운 그런 수준일지라도 "내가 주를 사랑한다는 것은 진심입니다. 내가 넘어지더라도 연약해서 넘어지는 거지, 주님을 팔아먹으려고 내가 고의적으로 죄를 짓는 게 아닙니다"라고 고백할 수 있다면 신자인 것입니다. 물론 대단한 사랑의 형태는 순교자의 사랑도 있을 겁니다. 베드로가 나중에 순교하는 것처럼 말입니다. 그러나 적어도 오늘 본문 말씀에 "모든 것이 합력하여 선이 되게 한다"라고 할 때 이 대상이 누구냐? 부름을 받은 자, 그리고 하나님을 사랑하는 자라고 할 때, 저와 여러분도 예외가 아니라는 것을 아셨으면 하는 것입니다. 모든 불신자에게 이렇게 되어지지는 않습니다. 고난이 오히려 인생을 망가뜨리는 경우도 많습니다.

이제 29-30절에 보시면, 그러면 그 궁극적 선이 무엇이냐 하는 것입니다. 저와 여러분의 인생은 각기 그 내용이 다를 수가 있습니다. 그러나 결국 저나, 여러분이 신앙의 길에 들어왔고, 우리를 향하신 하나님의 사랑을 경험하고 있다면, 궁극적으로 우리에게 어떤 선을 이루시고자 하실까라는 질문입니다. 어떤 말씀보다도 익숙하실 수도 있지만 29절에 있는 이 말씀이 성도님들 마음 가운데 깊이 새겨졌으면 좋겠습니다. "하나님이 미리 아신 자들을 또한 그 아들의 형상을 본받게 하기 위하여 미리 정하셨으니 이는 그로 많은 형제 중에서 맏아들이 되게 하려 하심이니라." 우리에게 이루어지게 하시고자 하시는 선, 모든 것이 합력하여 결국은 이루시고자 하는 궁극적인 선이 무엇인가 하면, 하나님의 아들의 형상을 우리 가운데 이루어지게 하시는 것입니다. 하나님의 아들이신 그리스도의 형상을 우리가 본받게 하는 것입니다. 형제라고 법적으로 묶어놓을 수는 있지만 진정한 형제는 가족 유사성이 있어야 되는 것입니다. 우리를 형제라 자녀라 부르기를 부끄러워하지 아니하시면서까지 저와 여러분들에게 하나님의 자녀요, 동등한 상속자가 되게 하셨다고 했는데, 그렇게까지 대단한 신분을 주시면서 우리들에게 허락하신 더 큰 선물 혹은 특권은 하나님의 형상 혹은 그리스도의 형상을 닮아가게 하는 이 일입니다. 천사를 향하여서도 하나님의 형상이라고 성경은 말한 적이 없습니다. 제가 인간론도 가르치기 때문에 자신있게 말씀드립니다. 어떤 면에서는 천사들이 우리 인간들보다 더 탁월한 면을 가지고 있지만 천사를 하나님의 형상이라고 말하지 않습니다. 오히려 죄인인 우리 인생들을 불러서 거듭나게 해주시고, 그리고 우리들에게 은혜를 베푸시고, 우리들로 하여금 단지 천국가는 것으로 만족하고, 부활체를 입게 하는 것으로 만족하게 하시지 않고, 하나님의 아들의 형상을 이루어가자고 초대해주신 것입니다. 그래서 베드로후서 1장 4절 말씀에 보시면 "이 보배롭고 지극히 큰 약속을 우리에게 주사 이 약속으로 말미암아 너희가 정욕 때문에 세상에서 썩어질 것을 피하여 신성한 성품에 참여하는 자가 되게"하신다고 말씀해 줍니다. 개역에서는 신성한 성품을 신의 성품이라고 번역했습니다. 사람이 이 땅위에 처음 창조되었을 때에 하나님이 주신 선물도 하나님의 형상따라 지음 받은 것입니다. 죄 때문에 잃어버려지고, 깨어져버린 그 형상을 다시 회복시켜 주시려는 것이 그리스도의 대속의 목표입니다. 그래서 결국은 우리가 이제 살아가면서 신자다운 신자가 되고, 또 다르게 세상 사람도 알아들을 이야기로 하자면, 인간다워지져 가게 되는 것입니다. 물론 세상 사람들은 인간답다는 것을 자기들식으로 정의하지, 성경적으로 정의하지 않습니다.

그러면 우리가 인간다워져 간다는 것이 무엇입니까? 성령으로 충만하여 인간다워져 간다는 것이 무엇입니까? 복음서에 나오는 그리스도와 같은 성품을 가지게 되는 것을 말합니다. 그래서 에드워즈 목사님은 『신앙감정론』(1746)에서 이렇게 이야기합니다.

> 그리스도인은 꽥꽥 거리는 돼지가 아니라 양 같고, 비둘기 같은 심령과 기질을 가지도록 부름 받은 존재다. 참으로 은혜로운 감정들은 예수 그리스도의 양 같고, 비둘기 같은 심령과 기질을 가지도록 돕고, 그것을 동반한다는 점에서 거짓되고 기만적인

감정들과 다르다. 다시 말하면 참으로 은혜로운 감정들은 그리스도께서 보여주신 사랑, 온유, 평온함, 용서, 자비의 심령을 자연스럽게 닮아가게 하고 또 그렇게 되도록 도와준다.

우리는 어떤 능력이나, 기이한 일을 하거나, 전지하심을 닮아가도록 부름받은 것이 아닙니다. 그런 신격에 속한 일들을 닮아가는 것이 초대의 내용이 아닙니다. 그런데 얼마나 수많은 부흥사들이나 이상한 성령운동에 빠진 이들이 그런 기이한 체험과 능력과 무당같은 신비한 지식을 추구하게 만듭니까? 그러면서 결정적으로 이 중요한 복을 놓치게 만듭니다. 그리스도를 닮아간다고 하는 것, 그리스도께서 보여주신 성품을 닮아가는 것이 중요한데도 말입니다. 찬송가 134장 찬송이 가끔 가슴을 울릴 때가 있습니다. 2절에 보시면 "그 동정의 눈빛을 잊을 수가 없겠네."라고 합니다. 우리가 예수님을 직접 만나게 되면, 그 분의 인격, 그분의 눈에서 느끼는 그분 다우심이 무엇이겠습니까? 능력이 먼저가 아닙니다. 그분의 어린양 같은, 비둘기 같은 사랑과 온유, 평온함, 용서, 자비의 심령 이런 것들일 것입니다. 우리가 신앙이 더 성숙할수록 혹은 성령으로 더욱 충만할수록 예수님을 닮은 자가 되어가는 것이 중요합니다. 오랜 신앙 연조나 직분을 자랑할 일이 아닙니다. 무엇보다도 그리스도를 닮은 자로서 자라가는 것이 중요합니다. 그런데 그것이 말로만 해서 안 되니까 사실은 모든 것을 합력하여 그 선에 이르도록 하나님께서 우리 인생 가운데 역사하고 계신 것입니다. 그래서 우리는 하나님께서 어느 방향으로 우리의 인생을 끌고 가시기를 원하시는지를 빨리 깨닫고 마음으로 인정하고 수용하는 것이 덜 고생하는 길일 것입니다. 혹은 하나님께 불평을 하더라도 내용이 달라질 것입니다.

아무튼 그리고 29-30절에서 또 하나의 중요한 내용이 무엇인가 하면, 오늘 제목과 같이 "끊어지지 않는 황금 사슬"입니다. 이 표현은 청교도 윌리엄 퍼킨스William Perkins(1558-1602)가 400년 전에 썼던 표현입니다. 영원히 끊어지지 않는 우리 구원의 황금 사슬Golden Chain입니다. 왜냐하면 하나님의 구원 계획과 사역이 그러한 성격을 가지고 있기 때문입니다. 우선 미리 아신다라고 하는 것은 우리가 어떻게 신앙생활하고, 어떻게 구원에 이르고, 어떤 교회에 속하여 열심히 잘 섬기고, 일하고 등 이런 것들을 미리 내다보시고 예정하셨다는 그런 말이 아닙니다. 성경에서 미리 아신다 혹은 예지라는 말은 관심과 애정의 대상으로 삼으셨다는 뜻입니다. 그래서 내용상 예지는 예정과 그렇게 다르지가 않습니다.

결국에는 만세 전에 저나 여러분들을 하나님이 아시고, 우리를 자녀 삼기로 미리 정하셨습니다. 그리고 이제 이것이 역사 속에서 개인들에게 어떻게 다가오느냐 하면, 세 번째 단계인 소명입니다. 하나님은 우리를 부르십니다. 소명도 두 가지로 나누입니다. 우리를 구원하시기 위하여 누구나 예수 믿으라는 복음 초대를 다 받았는데, 일단 그것은 외적 소명이라고 합니다. 그런 외적 소명을 듣는다고 다 믿게 되는 것은 아닙니다. 늘 듣던 말인데, 어느날 귀가 열리고, 우리 영혼 속에 말씀이 들어와서 신경이 쓰입니다. 그리고 결국 자신이 죄인인 것과 예수 믿는 것 외에는 소망이 없음을 인정하게 됩니다. 이것이 바로 내적인 소명이고, 유효적인 소명입니다. 우리가 전도할 때, 할 수 있는 일은 간절함과 애정을 가지고 "예수님을 믿으세요"라고 하는 외적 소명의 도구가 되는 거구요. 그러나 내적인 소명은 성령께서 직접 하시는 일이라고 하는 사실입니다. 그다음 네 번째로는 부르심을 받은 자는 누구나 예외가 없이 신자가 되고, 믿음으로 의롭다 함(칭의)을 받게 됩니다. 우리가 1절에서도 이미 보았지만 우리가 받아야 할 형벌과 죄책으로부터 벗어났고, 우리가 하나님의 자녀이고, 영원한 생명을 얻게 되었다라고 하는 법정적 선언이 바로 칭의 사건입니다. 그리고 그 근거는 십자가의 대속에 근거한 것입니다. 그리고 마지막 단계가 '영화롭게 하셨다'로 가버립니다. 자세히 주목해서 보면 이 영화와 칭의 사이에 무엇이 빠진 것 같죠? 성화입니다. 성화도 없이 영화롭게 이미 하셨다라고 하니까 시제(時制)도 이상하고, 성화는 왜 빼먹지라고 의문이 들지 않습니까?

로마서 8장 29-30절의 의도는 이미 시작된 구원에 우리가 참여하고 보면, 영원 전에 이미 시작된 것이고, 또 이제 우리가 의롭다 함을 받은 신자라고 한다면, 과정 속에 있더라도 끝난 것과 같이 구원은 안전하다라고 하는 것입니다. 여러분, 우리가 미래에 일어날 일에 대해 너무나 확신을 하면서 뭐 100% 거의 일어난다 이렇게 되어질 때에 "아니면 내 손가락에 장을 지지겠다" 이런 표현을 세상 사람들은 막 씁니다. 하나님께서는 그와 같은 사랑과 영원하신 계획과 그리고 전능하심에 근거하여 "내가 이미 부르고, 의롭게 한 사람이면, 완성에 반드시 이르게 하고야 말 것이다"라고 선언하시는 것입니다. 이것이 여러분에게 추상적으로 들릴 수 있다는 것을 저는 압니다. 그러나 우리 안에 어떤 의지할 근거가 있지 않기 때문입니다. 우리의 어떠함에 의한 것이 아니고, 37절에 있는 대로 "이 모든 일에 우리를 사랑하시는 이로 말미암아" 가능한 것입니다. 하나님은 우리를 사랑하시되 마귀도 참소할 수 없도록 확실한 대가를 지불해 버렸습니다. 자기의 아들을 죄 있는 육신의 모양으로 보내어 그 육신 안에서 우리의 죄에 대하여 정죄해버리심으로써 어느 누구도 하나님께서 우리를 의롭다 하시고, 자녀 삼으시고, 또한 영화롭게 하실 것이라고 하셔도 "아, 그건 근거 없어요. 그건 불의해요. 그건 불공평해요" 이렇게 항의할 수 없게 만드셨습니다. 사실 후일 우리가 죽으면 영혼은 죄에서부터 벗어나게 되고 영화롭게 됩니다. 그리고 부활의 날에 우리가 몸을 입고, 전인이 회복이 되어 새 하늘과 새 땅에서 살게 될 때에 그것이 완전한 영화, 구원의 완성입니다. 하지만 시간 세계 속에 살아가는 저와 여러분들을 향하여 하시는 말씀이 "너의 구원은 이미 끝난 것과 같다. 나의 영원한 계획과 십자가상에서 근거 마련한 것에 의하면 너는 이미 영화롭게 되었다." 이렇게 우리들에게 확신을 주시는 것입니다.

하나님의 사랑에서 끊을 자가 없는 인생(31-39절)

이제 우리가 마지막으로 살펴볼 것은 마지막 대목인 31-39절입니다. 이 부분은 다섯 가지 질문으로 되어 있습니다. 첫 번째는 "그런즉 이 일에 대하여 우리가 무슨 말 하리요. 만일 하나님이 우리를 위하시면 누가 우리를 대적하리요?"(31절) 입니다. 이게 첫 번째 질문입니다. 누가 우리를 대적할 것이냐? 하나님이 위하시는데, 누가 우리를 대적할 것이냐? 여러분의 직장 생활이나, 가정사든 공동체 생활이든 또 혹은 영화나, TV 드라마들을 통하여 우리는 세상이 어떻게 돌아가는지를 잘 알고 있습니다. 큰 힘을 가진 사람 뒤에 줄을 서있는 것이 얼마나 중요하고, 그의 눈 밖에 난다고 하는 것이 얼마나 위험한 일인가를 경험적으로 알고 있습니다. 하물며 하나님이 우리를 위하시는지 아니면 우리를 대적하시는지, 우리가 하나님이 위하시는 편에 서 있는가, 아니면 하나님이 싫어하시고, 심판하실 편에 서 있는가? 이게 얼마나 중요한 문제입니까? 존 칼빈은 제네바에서 수많은 반대자들에게 둘러싸여 사역을 하고 집 앞에까지 와서 화승총을 쏘고, 개 이름을 깔뱅Calvin이라고 짓고는 모욕하는 그런 상황 속에 사역을 하면서도 이 구절을 마음으로 외쳤습니다. "하나님이 우리를 위하시면, 누구 우리를 대적할 것이냐?" 왜냐하면 그가 좋아한 모토대로 "하나님은 반드시 이기실 것"God mustwin이기 때문에, 내가 하나님 편에 서 있다면, 이것은 이기는 길이라는 것입니다. 링컨의 전해지는 일화에 의하면 남북전쟁을 할 때에 옆에 있는 사람이 "하나님이 남군 편일까요, 우리 편일까요?"라고 묻자, "하나님이 우리 편이냐, 남군 편이냐가 아니고, 우리가 하나님 편에 서있는가"를 물어야한다고 했습니다. 성도 여러분, 저나 여러분들도 마찬가지입니다. 하나님은 우리를 대적하시지 않습니다. 우리를 위하고 계십니다. 우리를 위하여 비싼 대가를 지불하셨기 때문입니다. 하나님께서 우리를 위하시고, 우리를 편드시며, 우리도 하나님의 편에 서 있는데, 감히 누가 우리를 대적할 것입니까?

두 번째 질문은 32절에 있습니다. "자기 아들을 아끼지 아니하시고 우리 모든 사람을 위하여 내주신 이가 어찌 그 아들과 함께 모든 것을 우리에게 주시지 아니하겠느냐?" 너무나 중요한 구절이고, 잘 아는 구절입니다. 그러나 과연 얼마나 여러분들이 이 구절의 엄청난 내용을 이해하거나 경험적으로 알고 있다는 생각이 드십니까? 저는 과거 어려운 목회 상황들을 경험하면서 이 구절이 얼마나 소중한지를 알게 되었고, 경험적으로도 확신하게 되었습니다. 자, 보십시오! 하나님께서는 자기 아들을 아끼지 않았습니다. 누구 때문에요? 우리를 위해서입니다. 그다음에 아끼지 아니하심으로 뭘 하셨습니까? 내어주셨습니다고 했습니다. 바울이 쓴 헬라어 동사 파라디도미*paradidomi*는 단순히 내어 준다는 뜻이 아닙니다.

내다 파는 거요, 제거하는 거요, 죽이는 거요, 심지어 어떤 사람을 위하여 어떤 중요한 것을 마치 쓰레기처럼 그냥 내던져 버리는 것을 가리킵니다. 이러한 행동을 통해 보여주시는 것은 우리를 위해 하나님께서 아낄 것이 없다는 말입니다. 문제는 하나님께서 그렇게 우리를 위하여 누구를 내어준 것입니까? 바로 자신의 독생자이신 예수 그리스도이십니다. 누구를 위해서요? 우리를 위해서 말입니다. 요한복음 17장에 보시면 예수님께서는 "하나님이 나를 사랑하신 것 같이 저희들도 사랑하시는 것을 알게 해주십시오"라고 기도하시는 것을 보게 됩니다. 이는 하나님께서 영원한 독생자를 사랑하시는 만큼 딱 그렇게 이 제자들, 또 우리 믿는 자들도 사랑하신다는 것을 알게 해달라는 말입니다.

그다음에 이제 32절 하반절에 있는 말씀 때문에 저는 목회 기간 동안 힘들고 어려운 상황속에서도 기도를 드릴 수가 있었습니다. 자기 아들을 아끼지 아니하시고 내어주신 하나님께서 다른 것을 그 아들과 함께 선물로 주시지 않겠느냐는 말씀 말입니다. 하나님께서 자기의 독생자를 아끼지 않으신다면 사실 다른 모든 좋은 것들은 그냥 주실 수가 있는 것입니다. 우리에게 필요하다면 말이죠. 목회중에 교회당 신축을 위해 헌금을 한 때도 있고, 10억 들여 교회당 리모델링 공사를 한 적도 있습니다. 사실 교회 형편상 감당하기 버거운 일이었습니다만, 저는 하나님 앞에 이 구절에 근거하여 담대하게 나아갔습니다. 어떤 기업가는 IMF구제 금융 시절에 하나님 앞에 엎드리니 300억 넘는 돈도 융통해 주셨다고 고백하는 것을 책으로 읽어본 적이 있습니다. 그러니 우리에게 필요하다면 10억이 문제겠습니까? 저는 우리 원우들에게도 그렇게 가르칩니다. 하나님께서 자기 아들을 아끼지 않으셨는데, 300만원쯤 하는 등록금 주시는 것이 뭐 그리 대단한 일이겠느냐, 기도하라고 권합니다. 하나님께서 자기의 아들도 아끼지 않았는데, 자기 자녀들에게 필요하다면 돈, 건강, 또 혹은 교회에 필요한 것들을 왜 안주시겠습니까? 여기에 준다라고 번역이 된 동사는 사실 개역한글에서 처럼 은사로 주시지 않겠느냐 즉, 보너스로 혹은 덤으로 주시지 않겠느냐는 의미입니다. 하나님께서 우리에게 주신 가장 귀한 선물은 자신의 독생자를 내어주신 것입니다. 그렇다면 그 외에 나머지 모든 것은 그저 따라오는 덤에 불과한 것입니다. 우리에게 필요하다면 아끼지 않고 주실 수가 있는 것입니다. 여러분들도 이 담대함을 가지고 여러분의 인생과 여러분의 자녀들, 또 혹은 교회사역을 위해 기도하시기를 바랍니다. 제가 헛바람을 넣는 것이 아닙니다. 하나님 보시기에 필요하다면, 하나님의 뜻이라면 그러하다는 것입니다.

그다음 세 번째는 "누가 능히 하나님께서 택하신 자들을 고발하리요?"(33절)입니다. 다르게는 "송사하리요?"라고 번역할 수가 있습니다. 누가 우리를 하나님의 법정에 끌고 가서 우리를 송사할 수가 있느냐?고 묻습니다. 답은 물론 없다입니다. 왜냐하면 우리를 의롭다 하신 분이 하나님이시기 때문입니다. 하나님이 정당한 방식으로 우리를 의롭다 하셨는데, 누가 우리를 보고 의인이 아니라고 고소할 것입니까? 우리가 양심상 고통을 느끼거나 자책이 되는 바가 있다면, 자녀로서 회개할 건 회개해야 합니다. 그러나 근본적으로 "내가 이렇게 살면 뭐하나, 내가 지옥 가겠지"이런 생각들은 과감하게 버리셔야 합니다. 사탄이 참소할 때, 세상이 송사의 목소리를 낼 때에, 담대하게 서서 "나를 의롭다 하신 분이 하나님이신데, 너희들이 무엇인데 나를 송사하느냐?" 그렇게 외칠 수 있기를 바랍니다.

그리고 34절에 네 번째 질문이 있습니다. "누가 정죄하리요?" 이것은 누가 우리에게 죄를 정하여 지옥 가야 마땅하다라고 말할 것이냐는 말입니다. 왜 그렇습니까? "죽으실 뿐 아니라 다시 살아나신 이는 그리스도 예수"이시기 때문입니다. 그리스도께서 우리의 죄값을 치루시기 위하여 대신 죽어주셨고, 우리를 위하여 다시 살아나셨기 때문에 아무도 우리를 정죄할 수가 없다는 것입니다. 그는 우리의 구원을 완성하시고, 지금 하나님 우편에 앉으사, 우주의 왕으로서, 교회의 머리로서 다스리고 계십니다. 뿐만 아니라 하늘 보좌에 앉으신 그리스도는 우리를 위하여 현재도 간구하고 계십니다. 우리가 지치고 어려울 때에 부르다 보면, 때로는 눈물이 주르륵 흐르는 경험을 한두 번씩은 하게 되는 복음송이 있습니다. 목사인 저도 마찬가지입니다. "당신이 지쳐서 기도할 수 없고, 눈물이 빗물처럼 흘러내릴 때, 누군가 널 위해 기도하네…" 물론 성도들이 우리를 위해 기도하고, 가족들이 우리를 위해서 기도합니다. 그러나 그것조차도 위로가 안 될 때에는 이것을 기억하십시오. 우리를 위하여 죽으시고, 다시 살아나신 그리스도께서 하나님 우편에 앉아계시면서 우리를 위하여, 저와 여러분을 위하여 간구하고 계신다는 사실 말입니다. 예장합동 총회는 중보기도라는 표현을 오직 예수 그리스도에게만 사용하지 사람의 기도에 쓰지 않도록 정한 적이 있습니다. 왜냐하면 그분만이 우리의 유일무이한 중보자이시고, 그 분만이 우리를 위하여 중보기도해 주고 계시기 때문입니다.

그리고 바울이 제기한 마지막 질문은 "누가 우리를 그리스도의 사랑에서 끊을 수 있느냐?"는 것입니다(35절). 39절에서는 "그리스도 예수 안에 있는 하나님의 사랑에서 끊을 수 없으리라."고 확신에 찬 선언을 하는 것을 보게 됩니다. 결국 답은 아무 것도 우리를 하나님의 사랑에서 끊어 놓을 수 없다는 것입니다. 하나님과 우리 사이의 관계를 끊어놓을 수 있을 것처럼 보이는 사랑의 방해꾼들로 열일곱가지를 바울은 언급합니다. 우리가 친구든 가족이든 교인들 간이든 살다 보면 방해꾼들이 있기 마련입니다. 누가 "너 막 욕하더라. 너 욕심쟁이라고 하더라" 이런 식의 말 한마디만 들려와도 좋았던 두 사람의 관계에 문제가 생기기도 합니다. 사도 바울이 하나님과 우리 사이에 그 사랑을 끊어놓으려고 하는 방해꾼들을 열일곱 가지나 지금 언급하는 것을 보십시오. 어떤 작가가 쓴 책의 이름처럼 사랑의 방해꾼들Love Busters이라고 명명해 보았습니다. 첫 번째가 환난입니다. 그리고 곤고입니다. 박해입니다. 기근은 배고픔 혹은 굶주림입니다. 적신, 이건 헐벗음을 가리킵니다. 북한에서는 기독교를 믿다가 발각된 신자들을 한 겨울에 옷을 다 벗게하고, 눈 밭 위에 허리를 꺾어 세워놓는다고 합니다. 여러분, 그게 바로 적신입니다. 그다음에 어떤 종류라고 특정화하지 않더라도 우리가 살아가면서 수 많은 위험들이 있습니다. 정말 인생길에는 위험 요소가 많이 있습니다. 또 우리의 생사의 여탈권을 가진 칼의 권세가 있습니다. 그래서 바울은 시편 44편 22절을 인용하여 "우리가 종일 주를 위하여 죽임을 당하게 되며 도살할 양같이 여김을 받았나이다."라고 말합니다.

그리고 다시 38절에 가면, 바울은 사랑의 방해꾼들로 열 가지를 더 언급하는 것을 봅니다. 사망이든, 죽음이든, 생명이든, 우리가 살아가면서 사망과 생명이라는 것도 짝말이죠. 천사들은 선한 천사라고 본다면, 권세자들principalities이라고 하는 것은 악한 천사들입니다. 사탄의 세력들을 가리킵니다. 그 다음에 또 짝이 무엇입니까? 현재 일이나, 장래 일이나. 현재 일어나고 있는 일, 즉, 현재 우리를 괴롭히고 있는 일이든 어떤 일이든 내일 혹은 그 먼 미래 장래의 일이든 무슨 일이 일어나든 간에. 그다음에 이제 능력이라고 했습니다. 우리의 영과 육의 세계에 역사하는 어떤 능력이든지. 그다음 39절에는 높음과 깊음입니다. 우리가 인생에 있어서 비유컨대 어떤 높은 자리에 있든지, 아니면 어떤 인생의 깊은 수렁 가운데 있든지, 아니면 실질적으로 지리적으로 물리적으로 높은 곳에 있든지, 우주에 있든지, 아니면 마리아나 해구와 같이 저 바다 심해에 있든지 간에. 제가 이제 뭐 길게 이제 일일이 설명을 하지 않아도 여러분들이 묵상을 한번 해보십시오. 그러면서 바울은 마지막 열일곱 번째로 "다른 어떤 피조물이라도"anything else in all creation라고 말합니다. 다른 어떤 피조물이 뭘 가리킬까요? 지금까지 우리를 하나님의 사랑에서 끊어놓을 수 있을 것 같은 여러 가지 그와 같은 것들을 언급을 쭉 해왔는데, 바울은 혹시라도 빠진 것이 있을 수가 있으니 그게 뭐가 되었든 간에 하나님을 제외한 다른 어떤 피조물이라도 그리스도 예수 안에서 우리에게 베푸신 그 하나님의 사랑에서 끊을 자가 없다고 선언하는 것입니다.

저는 젊은 시절 순교자 이야기들을 읽으면서 낙담도 많이 했지만 때로는 많은 위로를 받기도 했습니다. 안이숙 여사가 쓴 『죽으면 죽으리라』를 읽으면서도 감동을 많이 받았는데요.[5] 안여사는 30대의 미혼의 나이에 신사참배를 거부하다가 평양에서 6-7년 옥고를 치루었고, 해방 이후 미국에서 활동하셨습니다. 안여사는 인생 후반에 이런 고백을 한 적이 있습니다.

> 지금 나의 마음은 햇빛 찬란한 산 꼭대기에 앉아서 땀을 흘리며, 애태워 올라온 길을 내려다보는 등산가의 심정입니다. 그 무섭고, 가파른 계곡을 어떻게 넘어왔는지, 땀이 단번에 말라버리듯이 소름이 끼칩니다. 숨 막히는 듯한 그 무성한 숲 속에서 가시덤불과 찔레와 악충들이 쏘고, 찌르는 아픔도 이제는 아득한

면 과거가 되었습니다. 그러나 거기에는 무시로 들려주시던 주님의 음성이, "이제는 올라오라. 행진이다" 하시던 권면의 말씀이 나를 이 자리에 우뚝 서게 하셨습니다.

여러분 연약한 여성도였지만 신앙 안에서 "나는 신사에 절할 수 없어" 이렇게 결심을 하고, 그 힘든 과정을 겪을 때에 여자의 몸으로 어떻게 견뎌냈을까요? 결국은 끝까지 그 신앙의 절개를 꺾지 않고, 순교는 못했지만 산 순교자가 되지 않습니까? 그게 어떻게 가능하다고요? 하나님이 도와주셨기 때문입니다. 하나님의 사랑에서 우리를 끊어놓을 수 있는 어떤 피조물도 존재하지 않습니다. 환난이든 박해든 칼이든 곤고든… 저와 여러분들을 향하여서도 마찬가지입니다. 저는 정말 목회하면서 수많은 성도님들, 겸손하게 하고, 감동을 주는 귀한 성도님들을 만났습니다. 한 부인은 남편이 포악하여 교회 간다고 하는 자기 아내를 향하여 부엌 칼을 들고 와서 목을 찌르려고 해서, 진짜 목이 찔릴 뻔한 경험을 한 경우도 있습니다. 그 남편은 제가 목회할 때에 교회를 출석하였고, 설교를 들으면서 눈물을 흘리곤 했습니다. 여러분 인생 가운데도 기가 막힌 일들이 많이 있었을 것입니다. 그러나 그런 것들이 하나님의 사랑에서 우리를 끊어놓을 수가 없었습니다.

그래서 37절 말씀으로 저는 끝을 맺겠습니다. “그러나 이 모든 일에 우리를 사랑하시는 이로 말미암아 우리가 넉넉히 이기느니라.” 여러분, 꼭 이 말씀을 외우십시오. 저는 여러분 덕분에 놀랍게도 이번에 이 구절을 바울이 쓴 원문으로 그냥 외웠어요. 알라 엔 투토이스 파신 휘페르니코멘 디아 투 아가페산토스 헤마스(ἀλλ’ ἐν τούτοις πᾶσιν ὑπερνικῶμεν διὰ τοῦ ἀγαπήσαντος ἡμᾶς). 그리고 “우리가 넉넉히 이긴다”는 구절은 영어로 모어 댄 칸퀴러스more than conquerors입니다. 어떤 승리자들보다도 더 큰 승리로 이기게 하신다는 뜻입니다. 그래서 어떤 번역은 슈퍼 빅터super victor라고 했습니다. victor는 승리자인데, super까지 붙여버렸어요. 최고의 승리, 철저한 승리, 완벽한 승리를 말합니다. 이런 말씀을 읽으면서 시나 문학처럼, 음악처럼 감동을 느끼고 그냥 지나갈 수도 있습니다. 그러나 우리가 무엇을 느꼈느냐와 아무 관계없는 말씀입니다. 우리를 사랑하시는 이로 말미암아 열일곱 가지의 그와 같은 부정적인 의미에서 우리를 괴롭히고, 망하게 하고, 넘어뜨리려 하고, 지옥 가게 하려고 하는, 또는 신앙을 포기하게 하고 인생을 포기하고 싶게 만드려는 그 어떤 것이어도 우리를 사랑하시는 이로 말미암아 우리가 넉넉히 이길 것입니다. 안이숙 여사 같은 여자분도 6~7년의 시간을 어떻게 자기 힘으로 버텼겠어요? 부잣집에서 자라면서 배우고 익힌 교양으로 버텼겠어요? 아니면 신학 지식으로 버텼겠어요? 아닙니다. 우리를 사랑하시는 하나님께서 넉넉히 그런 환난을 감당하고 이길 수 있게 하셨던 것입니다.

오늘 이제 결론적으로 말씀을 드립니다. 우리가 세 번에 걸쳐서 로마서 8장 전체를 자세히 살펴 보았는데, 우리는 본문을 묵상하면서 사도 바울이 얼마나 영적으로 고양되고 감격 속에 있는가를 느낄 수가 있습니다. 그러면서 우리의 구원이 얼마나 절대적이고, 확실하고, 완전히 끝난 결과를 보듯이 이미 끝난 승부가 난 게임을 보듯이 확실한지를 알 수가 있습니다. 그러나 반드시 기억해야 할 것은 그러한 확신의 근거입니다. 그것이 허풍이 되지 않으려면, 혹은 그냥 감성적이거나 혹은 감정적인 착각이 안 되려면, 근거가 중요한 법입니다. 하나님께서 우리를 사랑하시기 때문입니다. 그리고 하나님께서 사랑하시되 우리의 불행과 비참의 근본 뿌리인 죄 문제를 해결하기 위하여 자기 아들도 아끼지 않고 내어주셨기 때문입니다. 이미 결혼해서 자녀를 길러보신 분들은 자기 아들을 우리를 위해 내어주신 하나님의 사랑 앞에 설복되지 않을 수가 없을 것입니다. 여러분들은 하나뿐인 아들이라면, 혹은 몇 명의 아들 딸이든지 간에, 누구를 사지로 보내실 수 있으십니까? 여러분이 가진 돈 대신에 자식을 내어놓을 것입니까? 자식을 포기할 수 있을 만큼의 어떤 일이 일어날 것입니까? 여러분에게 그런 일은 없을 것입니다. 제 자신도 마찬가지입니다. 무엇을 위해서 내 아들을 내어놓겠습니까? 정상적인 부모라면 우리는 자식을 포기하지 못합니다. 자식을 내어놓아야 할 자리가 있다면 나를 내어놓는 거고, 내가 가진 어떤 것도 아끼지 않는 게 부모일 것입니다. 저는 아들을 군에 보내놓고 눈물을 흘렸고, 아들이 훈련하다가 다쳤다는 이야기 듣고 방문 잠그고 혼자 울었어요. 그만큼 부모의 마음을 안다면, 하나님께서 자기 아들을 아끼지 않고, 우리를 위하여 내어주셨다는 것을 알 때에 우리의 반응이 어떠해야 하겠습니까? 감사하고, 감격하고, 생을 맡겨드릴 수밖에 없습니다. 또한 우리가 살아가는 인생길 가운데 하나님과 우리 사이를 갈라놓을 수 있는 어떤 것도 없다는 것을 분명하게 확신하게 될 것입니다. 우리의 어떤 원망과 불평과 넘어짐과 그 어떤 우리의 부족함 때문에 하나님께서 우리에 대한 사랑을 철회하시지 않으실 것입니다. 이미 가장 큰 사랑을 주셨기에 우리에게 필요하다면 하나님께서 우리에게 건강이나, 물질이나, 아무것도 아끼지 않으실 것도 확신하게 됩니다. 우리에게 정말 필요하다면, 하나님이 보실 때에 합당하다면, 하나님이 능력이 없거나, 마음이 없어서 주시지 못할 일이 아무것도 없습니다. 자기 아들을 아끼지 아니하고 내어 주셨기 때문입니다. 우리 목회자도 이런 담대함을 가지고 교회 사역을 해야 하구요, 우리 장로님들도 마찬가지고, 우리 사랑하는 성도님들, 남녀노소를 불문하고 우리를 위하여 자기 아들을 아끼지 아니하시기까지 사랑하시는 하나님으로 말미암아 우리가 넉넉히 이길 것이라는 확신 속에서 또 전진하시고, 또 아름다운 하나님의 역사를 경험하는 교회가 되시기를 바랍니다. "나는 믿네" 우리 함께 같이 부르고, 기도하고 마치겠습니다. 내게 허락하신 시련을 통해 나의 믿음 더욱 강하게 자라나고, 험한 산과 골짜기 우리가 지나가더라도 주께 더 가까이 나를 이끄시네. 내가 겪는 시험이 어렵고 힘겨워도, 아무리 힘겹고, 어려워도, 이게 얼마나 위로입니까? 어떤 것도 주님보다 크시지 않다는 것. 그리고 바다가 갈라지지 않으면, 기적이 일어나지 않는다면, 우리로 바다 위를 걷게 하실 수 있는 그런 하나님이신 것을 우리가 믿고, 고백하고, 하나님께 기도하겠습니다.

내게 허락하신 시련을 통해
나의 믿음 더욱 강하게 자라나고
험한 산과 골짜기 지나는 동안

주께 더 가까이 나를 이끄시네
내가 겪는 시험이 어렵고 힘겨워도
내 주님보다 크지 않네
내 앞의 바다가 갈라지지 않으면
주가 나로 바다 위 걷게 하리
나는 믿네
주의 능력으로 내 삶 새롭게 되리
나는 믿네
주의 능력으로 담대히 나아가리라
주와 함께 싸워 승리하리라
날마다 믿음으로 나 살아가리

미주

1. 마틴 로이드 존스, 『로마서강해』 총14권 (서울: CLC).
2. 존 파이퍼, 『복음과 하나님의 사랑(로마서강해5)』(서울: 좋은씨앗, 2015).
3. John Stott, *Romans: God's News for the World* (Downers Grove: IVP, 1994).
4. 원작 소설은 미국의 작가 루 윌러스(1827-1905)가 1880년에 저술하였고, 영화로는 1959년에 첫 작품이 나왔고, 2016년에 새롭게 만들어졌다.
5. 안이숙, 『죽으면 죽으리라』(서울: 기독교문사, 1974).